復堂師友手札菁華

【下】

錢基博 整理編纂

人民文学出版社

錢振常　三通

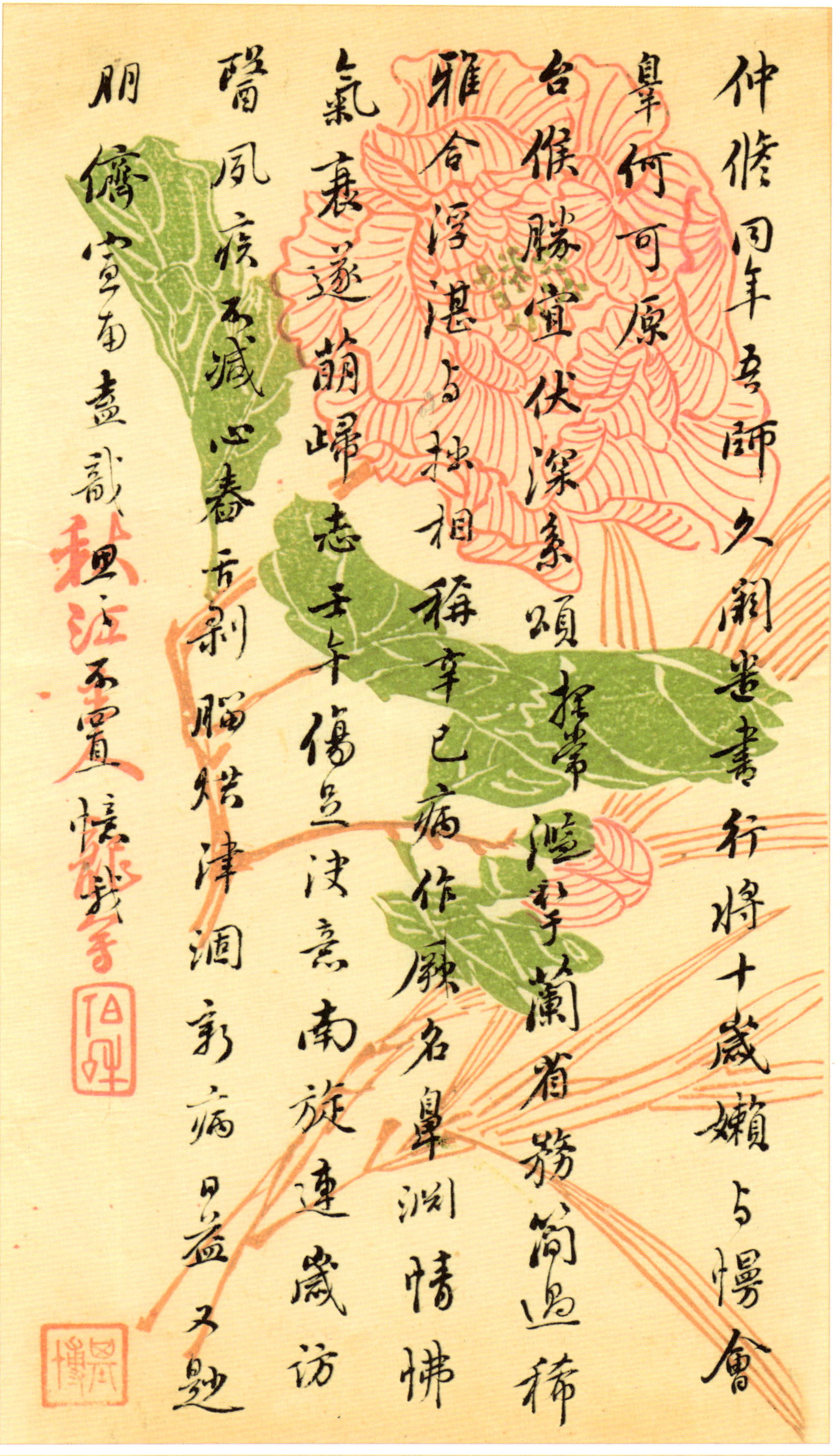
仲修同年吾師久闊並書行將十歲懶与惕會
臯何可原
台候勝宜伏深系頌撰著溢車蘭省務簡過稀
雅合浮湛与拙相稱辛巳病作厥名臯淵情怫
氣衰遂萌歸志壬午傷足決意南旋連歲訪
醫風疾不減心舂舌剝腦烘津涸新病日益又甚
朋儕室甫盡識徂不置懷哉

元度如何肎忘有友敍以陳琳寶爲師果得小
效今歲不至增病但偶因泄瀉夏暑作瘧近已小
愈脾胃尚未和杭州與左君同伯子寅甫鄂士蒙琳頻
見杜溪尤款款吾亦仍韜晦请子書話集薈海近況憶
哲郎長成當接室矣子長從来通問子方香蘭州
晶近今來叔長疾心也仍負别來三年遺書絶
域不易辛楣家嶺南忻木瘍癖秋間瘍生於

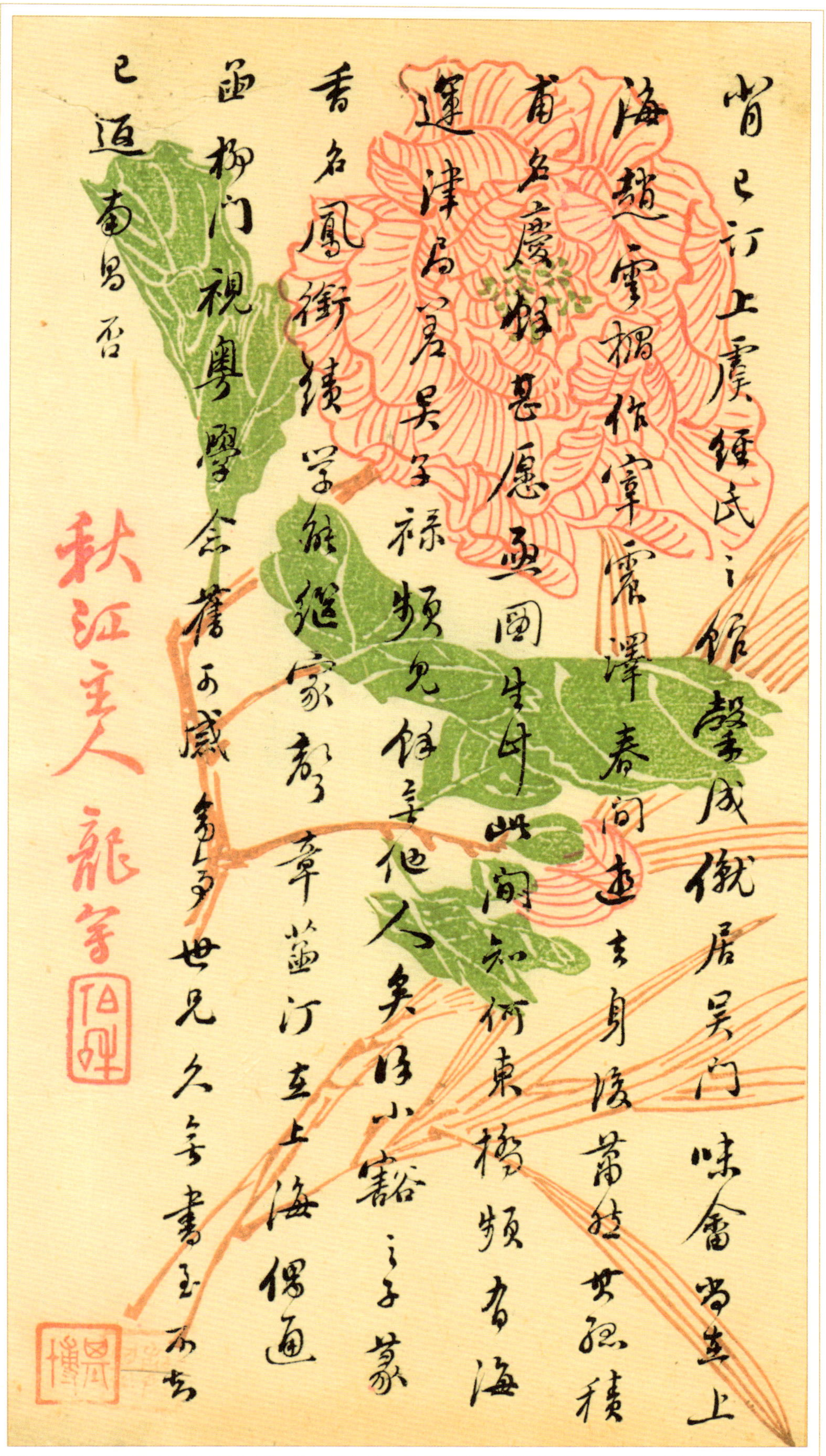

前已訂上虞鍾氏之館，繫成，僦居吳門。味翁當至上
海。趙雲椆作宰震澤，春間逝去，身後蕭然。其孫積
甫，名慶鈞，甚願延圖生計。此間知何東橋頗有海
運津局差吳子祿頗見信于他人矣。孫小谿之子篆
香，名鳳銜，績學能繼家聲。章薌汀在上海，偶通
函。柳門視粵學，今舊下歲象山世兄久無書至，不知
已返南昌否。

秋江主人　龍字

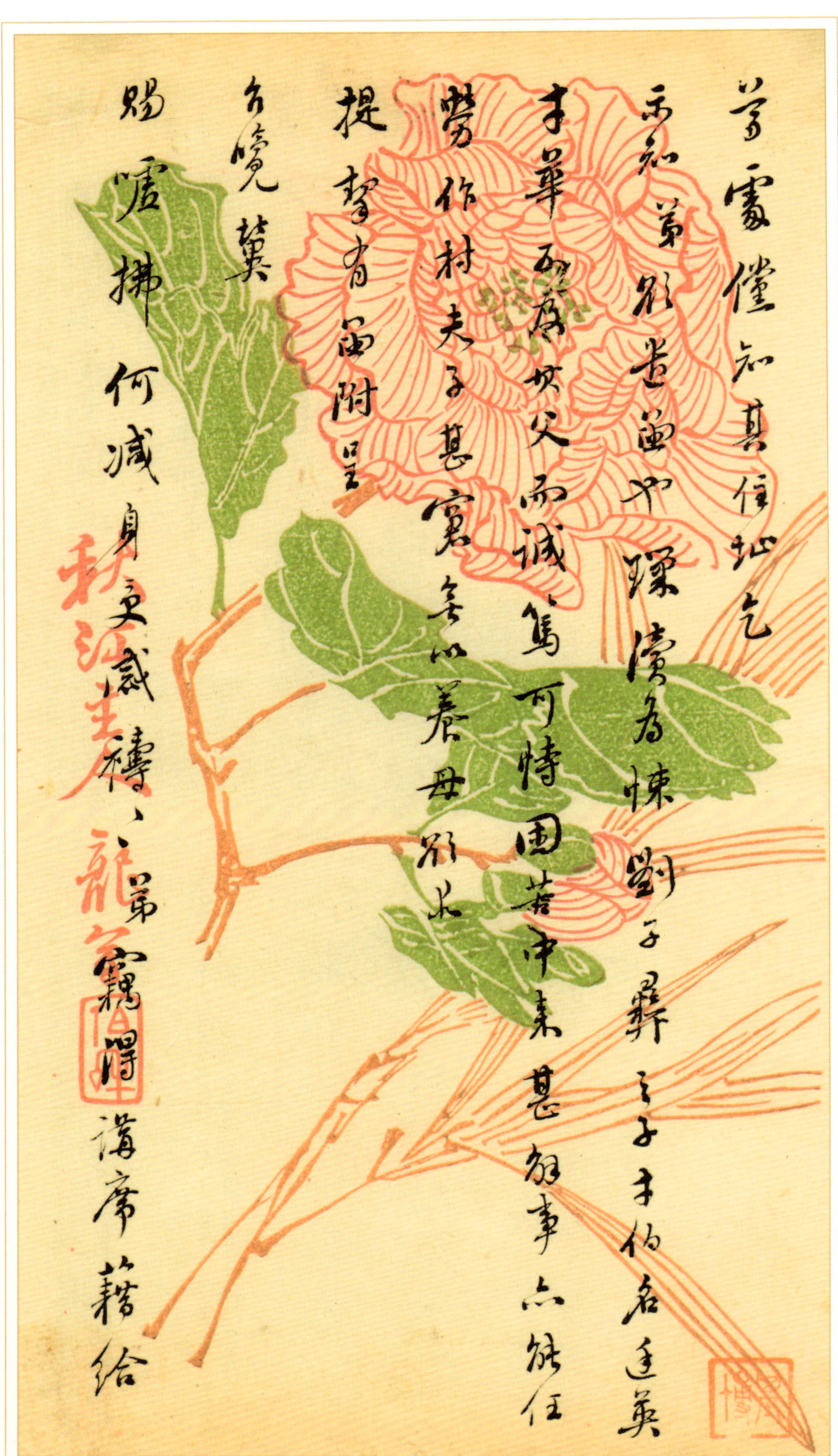

前囑僅知其住址，乞
示知。萬彬尚留此耶？環濱為悚。劉子彝之子，子伯名逢英，
手筆不及其父，而誠篤可恃，因若中表甚親，事亦能任。
勞作村夫子，甚窘，無以養母，殊苦。
提挈者留附呈
台覽。莫
賜覆拂何減身受，感禱感禱。弟竊謂講席藉給

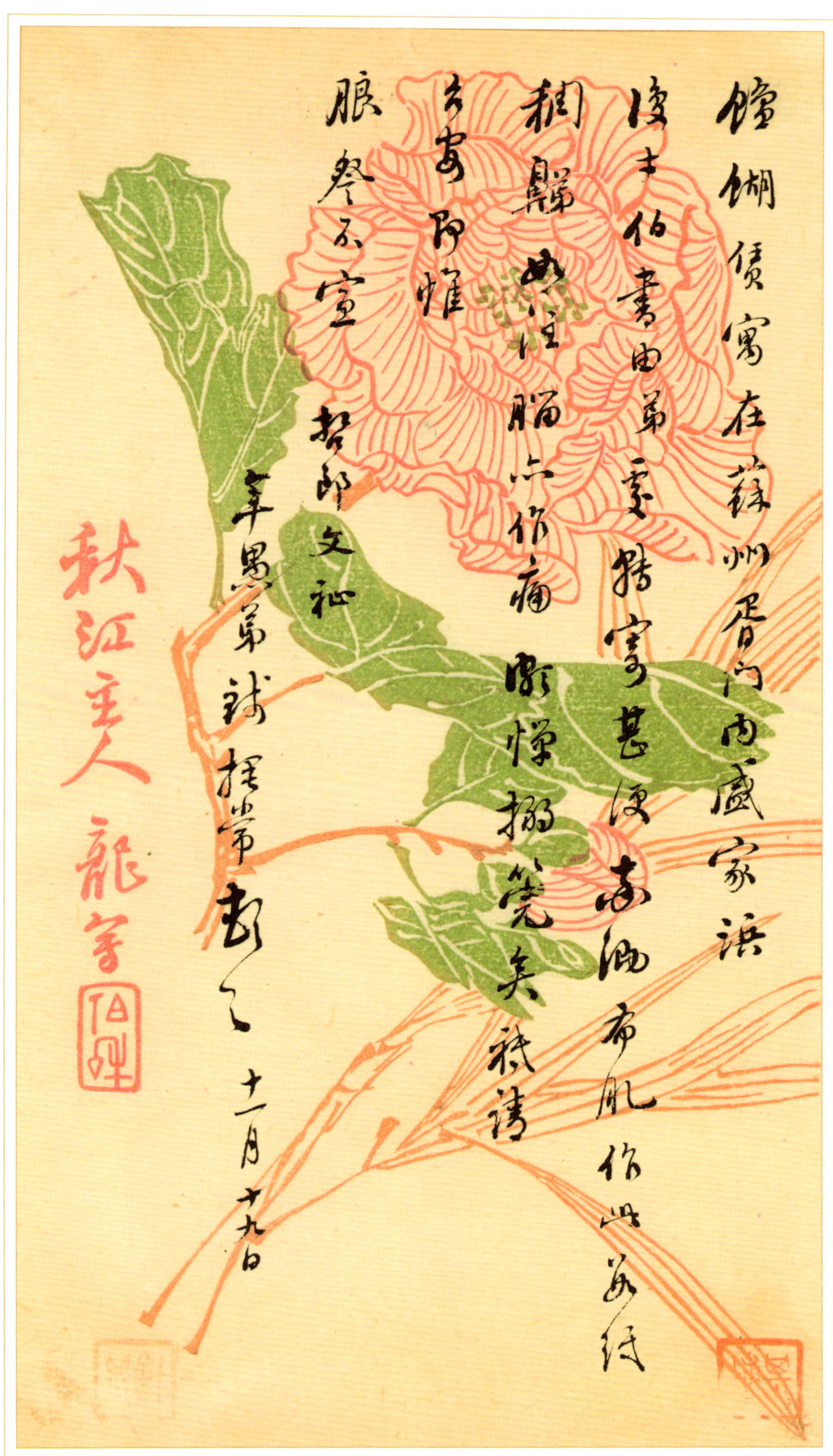

鐙翊賃寓在蘇州胥門内盛家浜
後士伯書由弟處轉寄甚便來函布肌作此箋紙
樹鬍如柱腦亦作痛懈懔搦筆矣祗請
方家即惟
朊琴不宣
哲郎文祉
年愚弟誄拜常款 十一月十九日

秋江主人龍寫

仲修先生同年我師閣下：

手翰披覽，竊欣細感無渝。

體中未平，至爲念系，乃霊氣潤

填，請寢饋

台候，咸宜矣。益仙五十已

收，交生息。汲民先生必語琅琊，算亦甚一函去。

太和夫子祠堂定在孤山，與蓉舫尚書爲鄰，甚

雲藍閣

洽深佩
卓識也品官祭禮令甲以位之崇庳別其牲
及俎籩豆之數而鉶敦則皆從同簠簋惟王述
宗室公得用著其鉶敦之數著爵不須著數但云
著爵罍在東序名宦鄉賢條甚晰但云羊一豕一
籩豆各四此二祠正以末僚生儒皆列爲籩豆視四品
五至七品
秩宗定議時必有意矣牲又視三品以上既用少牢

則二俎無疑
前論宜從鄉賢名宦秩安敬佩〻〻國子監志
圖少牢以一俎區為二格鑿成許稽
大清會典圖諸侯之牲皆全體與饋食之義小異
先生復不免參用格律精通之至鉶敦既凡品
宦得用或鄉賢名宦祠中所有從文略耳
示及敦者無文者甚佩至其器與蓋之形及度

博
雲藍閣

頃得

尊示今木工試造四梓人爲爵而古器多範金

將何從要以

執事與鑿成子莊厲於一方訂定乎華浩穀士

篆英如年內寄到盡數成聲無生息明年續

來者亦數聲無續付以五百爲度霧居明年祭事

可宜取諸子金祭品似須定常無至湖船及法器

雲藍閣

之費，廟祝走卒工費亦須嚴定。鄙見瑣屑，
閣下或不嗤否？此事但同志者為之，即成正不須
特募。廣徵函告，亦必不能徧及
執事。以爲何如？局刻四種共十九冊，購奉當銀六餅，
即畀官書坊矣。可將圖傳
先生何用意贈他人也。承
示寫內刻字，深佩。

雲藍閣

精識蓋文是否與簠同銅〻敦〻簋一爵三其文
皆亦
賜示𥫗邊羃以巾乎抑亦有蓋如木豆乎亦乞
示也師祠列入志中
尊見極允此復
先語之矣弟腦燥鼻涕冬寒則甚吾枯心舂瑁
以為常徹悟凡字草復祗請

箸安，即惟
朖鑒。年小弟誠拜啓。十一月初十日
世兄文祉

雲藍閣

復堂先生同年學鑒昨十月廿日
手書敬承一一轂成移家黄歇浦上未由與話
先生近況也懌遠出亦人情家居非
常情竊見稍泰莊列亦多不可吾自悔吾致病
與招咎皆由不莊列也
先生以為何如塾師雖得今年十閏月不但生
書立意使不熟且已熟之書需能使之生終日
在塾不歸家亦無間斷亦能如此此為大奇矣
子塞必卸事度歲似不能與之偕歲而有人否

每年三百備羊裘借次郎之用不與子密偈達生
要以三百度達若矣心臣為媚內無財趣成痼
遂累老翁可歎世事不可說不可說吾嘗自經
不專情器利飾充須有孝弟忠信禮義廉恥
之心乃有濟人善不笑世迂吾亦自笑吾迂今日
風氣至此毋乃此八字有關乎此間恆舞酣歌
晝夜湟酣宴昔有之酣歌漏舟之中痛飲焚
屋之下此亡卅餘年矣今又見此輩武林當不至
此也弟氣體分者病時覺下墜痢則止矣幸甚

我愧而愧，仍作圍由方便之愧者每不克自遏其愧也，吾自責而已。董君頻見否？藝術能家良學，伯踐以館否？汪旭陵來即之青浦任也。弟延師事仍未

先生訪之。越中途遠，往反逾月，或不甚相宜。吳門書院課不如吾浙，有與杭士必不樂遠出。然則請之何處，願

先生榮之。祗請

著安

年小弟錢振常頓首

十月二日

吕耀斗　一通

而知為絶倫也望日當詣廬胸次并求津逮

幸勿吝

仲猷仁兄有道閣下

弟譚耀斗狀

劉炳照

十六通

復堂先生函丈孟秋曾奉尺一由褚礼堂孝廉
処轉呈亮達
典藏久未得復跂望良殷辰惟
起居安吉即事多欣為頌為慰入冬以來賤恙
時發守株待兔不能奮飛離群索居學殖荒
蕪惟林向過從較密長夜清談藉遣寂愁蒙
林濰生筆譚如晤佩懷

闊違不獲親承
麈誨，開拓心胸，悵歉尤非言喻。
大箸新刻已見示，浣誦聊當晤對。前
允索贈榆園精刻多種，頒以先睹為快，但我難
窺全豹。除白石、玉田、紉蘭、蘋伽、懷雲各詞已得外，
擇其尤者寄貽，以慰渴忱，亟深瓣禱。手此敬頌
道履，臨穎主臣。子月初五日劉炳照頓首上

仲脩先生左右久不奉
教時切欽遲前聞
台旆仍滯鄂垣即擬肅候
起居因病不果辰下遥維
履衛咸宜纂述益富
高山在望仰止彌殷賤軀素弱自客歲大病後迄
未復元之杜門日多益深離索幸賴株向石瞿繹

堂三君時相過從清譚竟夕藉遣宋愁將向醫理
極精詞學亦擅鍼肓起廢可儕益友前月既望同
探靈岩玄墓諸勝多有紀游之作隨後彙錄就
正惟生近因鄉居多暇偕約郡中同志十人為詩酒
之會亦未流僅事故用精舍有名無實採理其事
者不盡迎合當道意旨為斂錢肥己地步多有談
洋務者大抵如是良可哂也

大箸近有續刻否箧中詞有續選否並乞隨時寄湊前承
俯允假度手批詞律夢窗係之已即封交妥便
寄蘇以償夙願至深辦禱專肅布肊敬啟
頤安諒凡天末延盼
良箴無任主臣十月十三日劉炳照頓首謹上
賜复仍寄蘇州閶門外花步街盛氏留園帳房轉交不誤

復堂先生函丈月之十三日曾肅蕪箋並附社詞計達
典籤昨奉十日
賜諭具審一一歲晚境迫社作寥寥惟瓔伯及左祉文
孝廉如騰之新瓔伯暈與九彖預約来年仲春以
後每月三期以一年計之即可彙選成帙渠別号石
翁以子別号標名擬合刻近來偶咏及社作為一編名
曰石言蒙
允賜敘並銘肺腑

頭養餘閒，仰求
濃染大筆，俾獲樹譔，以傳同里諸君子。兩年出將，
頗得山水友朋之樂，所作較多，頃已寫定，明春携呈
斧削。夔伯駢序樹年
鑒定。華四期拙作題一斥山人郡居圖並江南十二闋
錄副呈
正。袁林詞律精刻，時縈寤寐，甘飢渴。江氏藏書
六集，計共四十本，售洋八元。建霞局校勘詞，以此

術之身後負累甚重其來必能然然議也盡
氏劉氏楳書篋亦均任按勘之勞歲刻實值十六之
匣子在外劉刻不知其詳小子亦另得之篋亦延均
有參即搨本再索觀如陳盡錄似不經意頗有
逸趣承
貺寄書百朋之錫拜領珍藏永矢弗諼手此敬承
道履順叩
年禧　照穎神弛不盡依依　炳四再拜謹上　十二月十八日

望江南 粟香家居江陰之大岸，嘗析其字自號一厈山人，繪邨居圖，寒碧詞社第四集徵題

邨居好，一厈老山人。金粟香中招隱客，木蘭花下著書身。肯次絕纖塵。君生于八月，自號粟香，即以名其室。庭前有丹桂一株，三十年前舊物也。木蘭四月開花，藍瓣白心，此蘭爲小郡邑園圃中所罕有，惟君家有之，舊有額曰木蘭書屋。

邨居好，泳鯉古橋頭。於柳堤沿篁市直，昌棋徑達纖墩。幽心跡向閒驅。君舊有泳鯉橋，題一額，徒以[illegible]望邨有長堤，編種楊柳，綠陰披拂，如行畫圖，夙有[illegible]座棋以青圍縮帶，尤爲佳。

邨居好，窗好是陶廬。稻穗初肥爬玉蟹，桃花新漲網銀魚。歸夢理菰鱸(?)。君舊有陶廬雜憶百絕句，暨後著居三種爲課孫之作，即以陶廬顏之。里鄉玉爪蟹、銀魚，皆著名。君家門前有河通桃花港，二江口產銀魚，味尤美。

邨居好，饞味似兒時。劫火長留家集在，硯田世守祖庭遺。自寫課孫詩。君曾祖琦青(?)先生守一齋家勝筆記，祖一士先生蔫(?)樓集，著晴初先生落庵自課草，次第付刊。一士年丈遂硯昔年攜赴秦，秋試，其君至今珍護，惟謹戒子孫世守之。

邨居好，卅紀續烽煙。申浦舊姻勤勵學，小湖新築溯揚田。後起總前賢。申浦繆氏代有聞人，[illegible]曾有[illegible]筱珊太史纂述尤富，君先邁(?)亭廬，訪居近西小湖，其地後築小園，名曰石溪小園，顏[illegible]事田環小舟坐。

邨居好，回首宦遊年。鴻雪因緣留畫稿，苔岑契合著詩篇。此志老彌堅。君久宦江右，視長沙，宦遊兩粵，所至皆以[illegible]詩紀之，所著粟香五筆，四十卷，校輯名流同人詩詞，家彩(?)又刻叢書四十餘種。

邨居好，嶽(?)瓦擁專城。今井補碑懷澥叟，赤溪雅志續霞衢(?)。箸述傲阿明(?)。君嘗[illegible]同人遊大岸山之今井，古井乃今名已佚，補書立石，賦詩紀事，積久成帙，名曰今泉唱和集。[illegible]權赤溪廬[illegible]舊傳銘詞，蒐致其山川人物，成赤溪雜志二卷。

邨居好，古照搜遺(?)，閒訪前游狼子廟，新傳舊部指揮碑。悵望威公祠。前游在江陰城東南[illegible]，明何氏女遁逃賊，不屈，自投于湖，舊有前游七狼子廟，今燬。宋建炎後，江陰軍指揮[illegible]明末守城[illegible]祠庚申之亂片瓦無存。[illegible]家自[illegible]。

邨居好，廬鶴喜奎刊。經說前披丁墅鎮，葡萄爭說盤墩山。軼事補叢刊。丁墅鎮屬[illegible]三巷大岸[illegible]盤墩山高三丈許，相傳[illegible]其事，故云以[illegible]名。

邨居好，閒趁入城船。繞水墩名皇甫小，放篙塘指魏家灣。來往碧青山。君由大岸至郡城，經大通橋、魏家塘、紅菱蕩，中有青巖墩，四圍皆水，人目爲小皇甫墩。郡城北門外青山門，郡外有青山莊，爲前明吳氏所築，有卧雪樓、襲霞閣、煙雨樓、塘[illegible]諸勝。

邨居好，吾亦羨吾廬。三徑就荒惟未歸，一枝聊借臥相於。生計老逾疏。予有先人之敝廬在郡城東門內，見子楊[illegible]觀察相借[illegible]蘇長公[illegible]有[illegible]于孫氏，公[illegible]常州[illegible]其子見[illegible]于此。

邨居好，棲地結心知。詞社重開招舊侶，畫圖遙寄索新題。此筆寓鄉思。吳會風雅，猶懷舉詞社，推予爲主盟，命名寒碧，以繼鷗隱之後。君近續陶廬雜憶百二十絕，編徵同詠，將刊。

乙亥嘉平既望蒲石詞隱錄稾

念奴嬌　溫甘卿先生采石磯訪圖卷子，貞懇公遺筆也，今為其族孫允孫大令所藏，續徵題詠，借東坡居士赤壁懷古韻均

江山如故，自謫仙去後，都無人物。我輩登臨君不見，敢向高樓題壁。力士工讒，夜郎遭貶，遺恨今誰雪。汾陽知己，漫誇詩聖文傑。　回想天地吟身，將軍下筆，窗底清風發。大節千秋靈爽在，歷劫不隨灰滅。一卷傳家，重來弔古，幾換青青髮。桂篙視騎，鯨魂飛下涼月。

寒碧同言社第一集

己亥長至節語石詞隱録稾

白石道人以家譜依石湖詠梅舊譜原均題後　暑社第二集

石湖月色，自老仙去後，吹殘簫笛。縱有玉梅，不見當年小紅樓打。渡滄桑一囊，空賸詩詞，人留筆韻，嘆瑤月下冷魂，出可憐芳席。南國後遊蹤，任州渚馬蹄，淚血鵑精。魂條似泣，花無言，更誰憶。特訪鄱陽故里，嗟只見荒落燐碧。緬雅鑒風度，也盈圖看得晴香微虹，條玉伴野雲一片，閒共驅宿稻，立蒼花高唱新詞。秋敲晴咏，風竹花殘，匝夜楚雅，被甚無棹，波分南北。快舉頭月滿青天，無徹古今人稻。　惆悵容景舊事，布衣默樂，誰吟鬢絲。拋囊歸來，嘯傲江湖，老臥閒閒，梅風聽鵑，一任詩星列衣襟。集卷葉殘詩，無向州芸，靜爇心香，想像杖藜巾幅。　疏影

復堂先生　教正　己亥嘉平月語石詞隱呈稿

玉京秋 秋聲

霜氣澗西風尚澀響暈生蛩月乍覺蕭蕭卻將獵獵吹殘秋雪誰把閑手鎮倚晴簷陰檻諸雛歐舊驚折一絲幽緒打窗黃葉 漫恨芭蕉心結縱埜除穗霖未絕羞將搖鐙朱樓傳角樓淒時節病裏情懷怎耐聽深夜琤琮簷鐵喉天末哀雁偏來促別

前調 秋色

煙欲切（手句） 暮斜殘陽弄濃淡斷腸塵陌柳不成眠柳偏泥醉離愁誰識櫚帳鸞飄薦暮鬟閑河西首蕭瑟最堪惜一繩新雁叢沙風急 底事青蕪嬌覓憶前蹤東籬舊寓玉露何時金英如許休教采擷共朵秋山映遠囪爭奈輕嵐處把翠攏屏還看雲光鏡碧

石生藁

慶清朝　光緒庚子正月初五日，恭逢

皇上三旬萬壽，欽奉懿旨，為

穆宗毅皇帝之嗣，大統攸仰，普天同慶，拜手賡歌，以志欣忭

雪化層冰，風收宿雨，烘晴初日晴熏。青陽應律，農祥日辰正知東軫。到瑞蓂五葉，恰恰五十四年人。元君駕，芭時許從三素和雲。遥仰

御苑旌旗，九天仙仗，喬鑪揚塵，重光東樂，恩宣璇海，波新開拓八荒，壽寓鳳銜。溫詔下楓宸，六山光戴謳

聖后宏作潤民

儲萬芳　元夜無月，次夢窗均

簷寶勒夢新，雲山慳，燈市喧曉，月嫩分光，從把冰精簇奉陽院。笙歌散，佛耳端節，車馬塵迷，眼猶憑闌，憶同心倩倩，醫嫩叙燕。帳繡笛龍氣，雲擲倚列棋花，鏈笑緣，後約團欒，怡聒玉簫

凄怨。昌宮垂柳，吳苑任慵遊，蕭度姮娥，見話將猶倚，無眠夜深

吟倦。前宮巢多精音律，年十八未嫁，先君子宦遊山陽，遂有是姝，為之卷命歸，以笛和之，從此承帷，極見倡隨之樂，未三載即化去。姝怕素興述，正六久下世，予為蜨山陽遂笛圖志悼，故詞中及之。

念奴嬌　祥符周季貺太守星詒舊藏始建國宜子孫鏡，徑弍寸七分，銘文五十一字，太守子雲將大令録寅，釋文云：惟始建國二年新家尊，詔書紋下大多恩，白叶賈事和樂，明當田白叶，多作羽雍，詔校官白叶，五穀成熟，天下安，白叶有知之士，得蒙恩白叶，復詔宜官秩，冥宜孫子孫，白叶中央七乳間以宜子孫三字，今御太守外孫冒鶴亭孝廉廣生，招予徵題。　詞社第八集

圓冰一片，有正新建國二年，熬字花縷，中央周四角，安萬長宜孫子。貢櫃文翁，蒙恩官秩，犯殺當時士，向奇相遇一般，快遠負如此。蓬瀛災作，中散黃皇室主，鏡破相博起。為漢中王莽篡，以平帝皇后為定安太后，二年改號曰黃皇室主，能之於漢也。為問蓑花知也未，蓋對漢宮標況，劫火頻經，幾義寧記。杜鑄相思，淚痕時明月，閱人今世何世

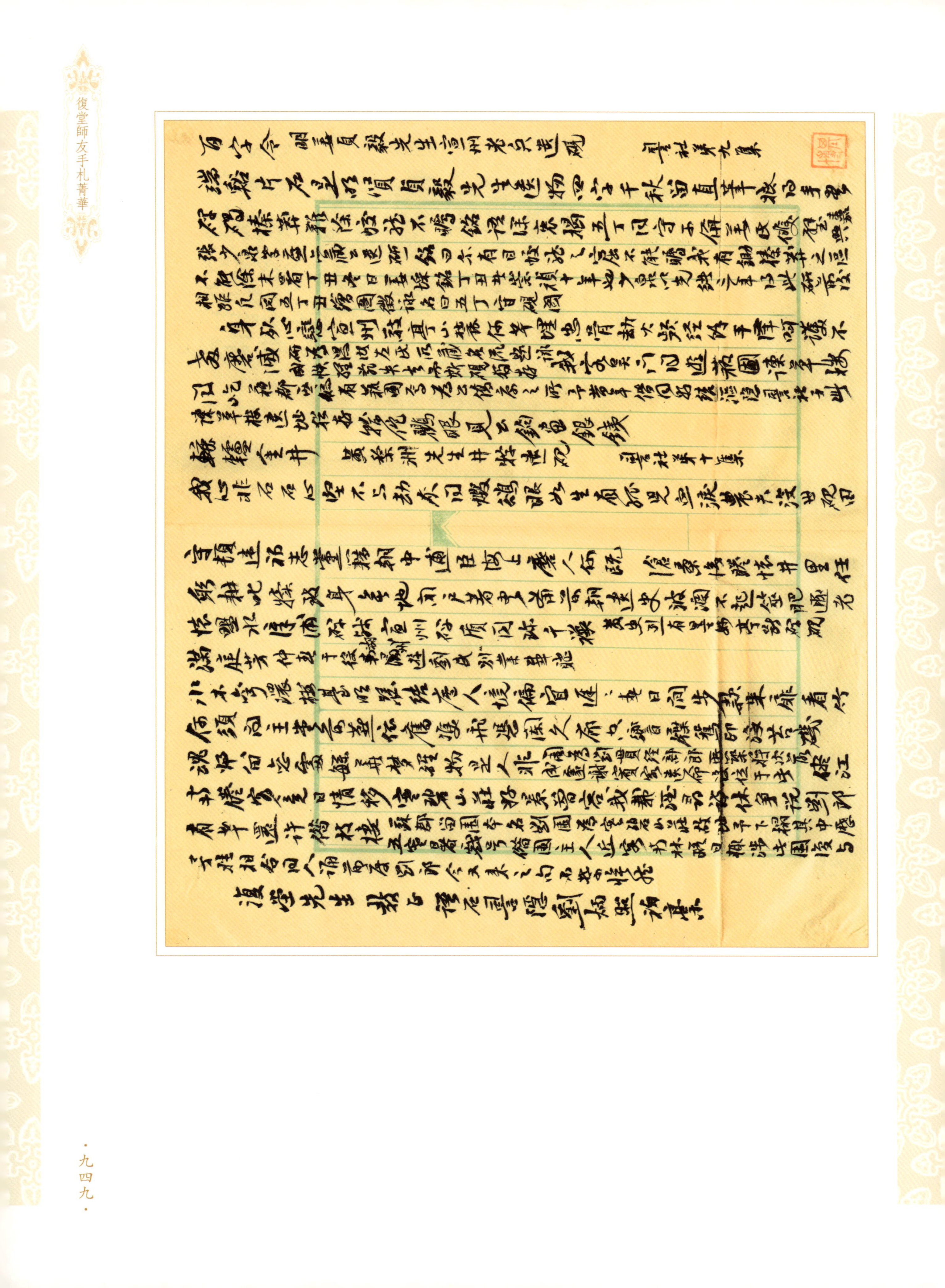

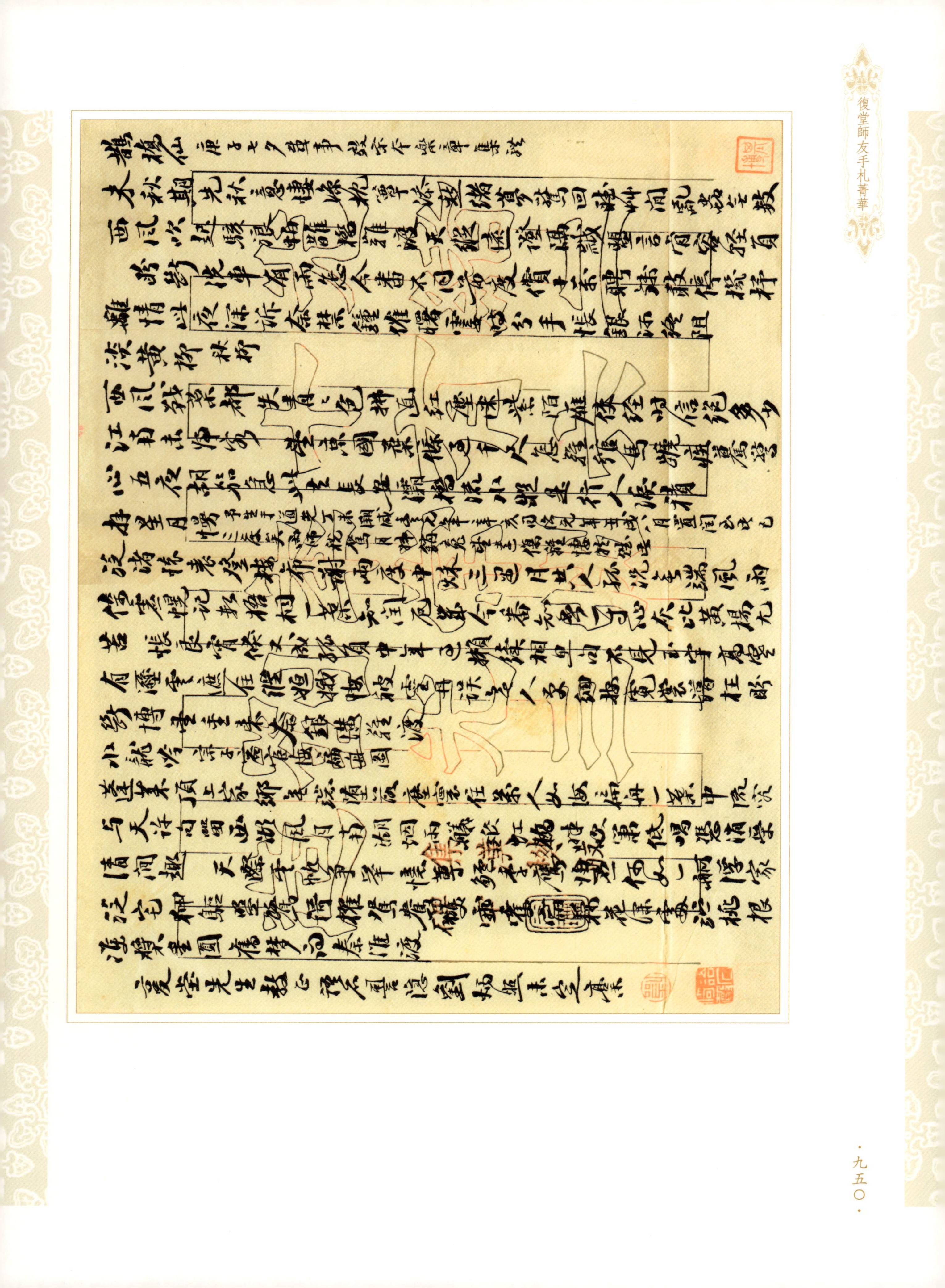

憶舊遊 姝同錄示石壁紀遊新詞興懷昔年泛舟西崦徧攬靈巖之
墓天平諸勝繪圖聯咏宛在目今石瞿物化予亦久客初歸瑩
欷莫續偕韵志悲夔伯為續寒山詩夢圖即題此詞于後

記香谿桂嶼采綃楓林閒放晴橈挈伴尋芳去便看
山裊烟眉宵輕拋苦吟夜深深寐墨淚漬青花自裁
迤湖邊醉泛海上夢隔蘭苕　千條舊楊柳任劫
換滄桑省後前朝莫話離蹤住悵詞人不見黯黯
魂銷恐忘勝遊情事腸斷虎山橋待月下吹來無
殊宋玉賦楚招

語石詞隱劉炳照呈稾

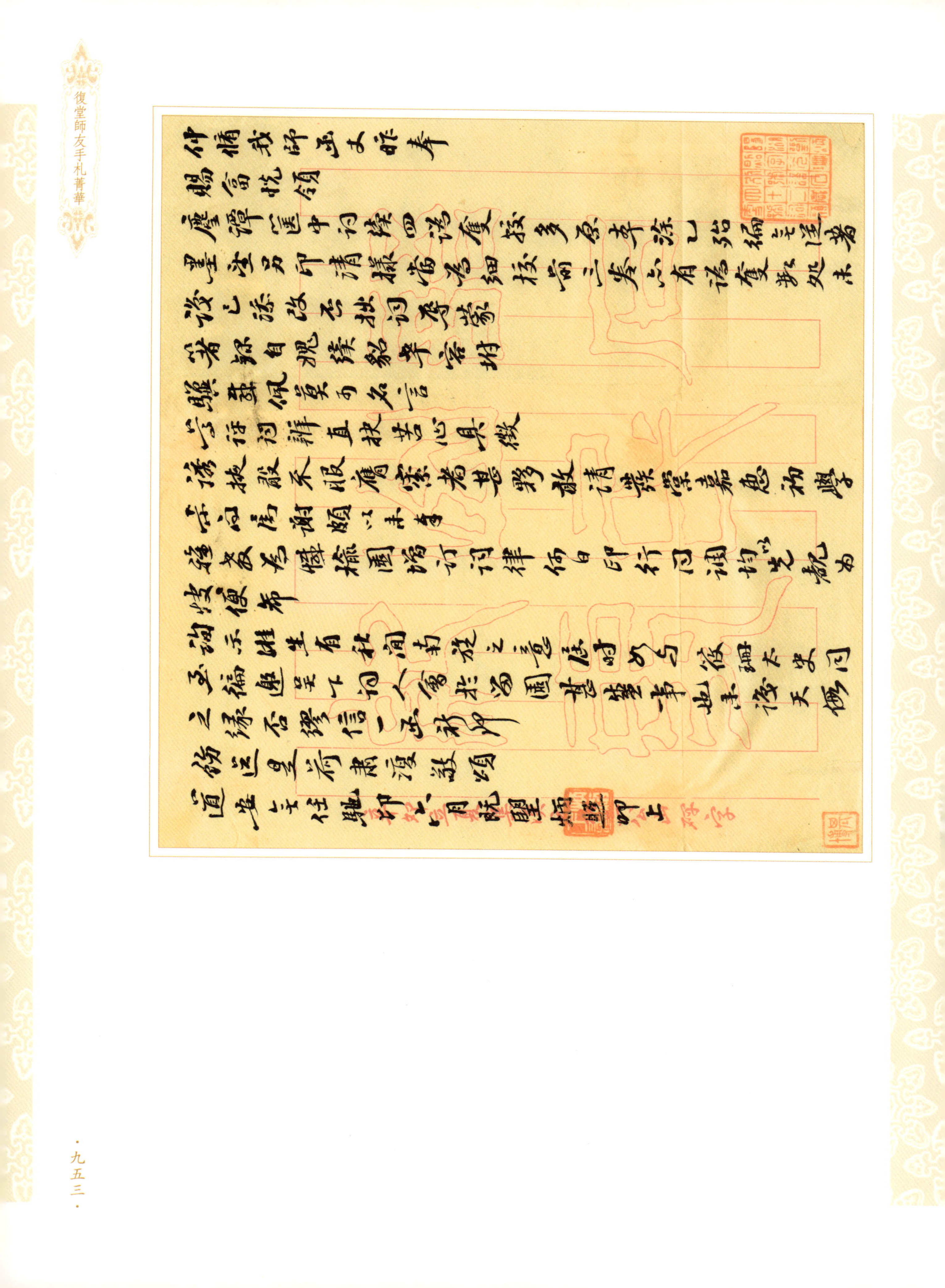

念奴嬌 采石磯作同用坡仙赤壁懷古韵

江山如故，自謫仙去後，都無人物。我欲登臨只不見，敬亭高樓，歎聖也，力士亡饒，夜郎留迹遺恨。今誰會，汾陽知己，湯諫詩聖文傑。因此天地吟身，歸筆下，舉眼應遠風發，大節千秌雪與在，飛劫不隨灰滅。一卷傳家，重來再古，氣換去青髩，桂歲親緣，詩魂飛下江月。

語石初稾

江亭春　和雲林江亭春詞謹步原均

江亭風味諳將留以樂皆教春晝靜出門俱足冶遊人記流憎見驚鴻影輕移不耐束金閒倦無闌試龍井新詩題徧白羅巾帰來猶染西郊塵

葉蘂枝嬌鶯急桃花帶雨凝脂點青暮不再嗟何及不如且醉芳醪碧圖河蹤尺望御邑大地花無鐘立半生浪跡似浮萍莫惹樓向樽邛些

譚石初稿

江南春　和雪林江南春詞　謹步原均

春風翦袖瑩瑶筩，鎮倚紅闌斜日靜。輕綃惜蘸玉波烟，丁字簾前花飐影，篆縈金鳥未曾冷。縈情恰似絲牽井，酒痕親拭碎羅巾。聲聽繞梁飄暗塵。江潮生筍桂急散雪歌時，彩欲濕墜歡難尋，悵何及青溪無楊氣。回碧明鏡霜華自凄，邑吟身瘦。如樵木立當邊賦夢惑蝶萍會離愁，縈徵瑩絕營

江南昔好，間憶秦淮，戲以俚語之詞次高士之韻，不禁自哂其不倫也　金石初稟

念奴嬌　題采石磯詩圖借東坡赤壁懷古韻

青山埋骨想仙鬼猶戀杯中物有客推篷遙酹酒望裏烟衝崖壁琴隱蕭閒畫禪微妙寫出濤如雪玉池題遍吐〔發〕詞爭炫奇傑今日把璣樵頭栽松壟上重聽清言世事冰消彈指頃風雅獨難磨滅我挂江帆偏遺采石（余昔來大江屢擬遊采石而未果）懷古飄吟鬢醉眠飛夢恍看磯畔明月

金石　初稿

金武祥

三通

仲脩先生有道：去歲秉燭後[?]一函，並寄拙

刻[?]叟各種，內惟十九家詞以為新刻之本

惠函，允賜撰[?]叟弁序，先將述校概計之

早徼

鑒督

穎手[?]高情，逸志早賦，遂初作吏，循良遍傳

口筆，身著述，已定千秋，所謂紅顏棄軒

冕，白首臥松雲者，殆又過之，近如[?]有

新著當行
鄉承以擴眼界弟前在粵西得南漢碑幢六
種方志及金石家均未著錄因録全文備
載拙刻四華中又漫泉亭記一紙一并寄奉
法鑒去歲以鹺務錯迕方求擺脫寄蹤南皮
督部詞翰勤文集兼司厘務殷繁綜核之才復
若拘束殊難持久已令兒輩乞歸少爲委
蛇緣當諒此屢網耳 拙刻桂叢集均係小種

去古無鉅帙希有之本，不足數，特以鄉先輩及舊日師友之作，漸就湮沒，欲存什一於千百，得太倉以先之遺，爲藏林增重，是所禱者。此佈肊，敬請

撰安，兼頌

譯祺，惟希

鑒察，不宣。

小弟武祥拜上

己丑四月八日

仲修先生仁兄大人史席天涯卅緣春事將闌江上峯青
音塵久隔屋梁落月何以為懷前歲寄奉拙刻叢書辱承
大序明璣六寸增重縑緗威鳳一毛生輝油素當經裁椷
奩謝交由陶心雲孝廉處轉達
高軒計彼庚郵亮塵
丙覽頃聞
帳開荊楚
座擁臯比以

經師人師之瓌才，啟大篆小篆而講學，受徐遵明之指畫，具有法程。經張雕武之品題，皆成偉彥。引領江漢，忻慕何似。弟十年嶺表，久涵風塵，一官海隅，彌形濩落。赤溪新設未久，雖詞訟尚簡，而俗陋民頑，風雅道歇。弟以設廳之後，尚乏之志書，擬遠仿對山之編，近參儀徵之作，纂輯一帙，攷鏡條流，業令紳耆籌款開局，現尚未定議舉行。祇恐地少通人，終致汗青無日耳。粵西梧州郭外冰泉一區，舊有元次山銘碣，久已湮沒不存弟昔年榷筴於茲，既為補刊，復紀以篇什。歲月易逝，賞會渺然，追念南皮之宴遊，不忘西崑之酬唱。茲寄呈石刻一紙、唱和集一編，明知巴音無當阮眎，以金石之癖，嗜誌雪泥之因緣，就正名賢，尚希匡正。春風千里，瘴雲萬重，臨穎依依，書不盡意。敬候道履，伏希荃鑒，不宣。

又近纂劉公事略二冊，匯雅表忠，特以就正，祈教之。

愚弟金武祥頓首　二月朔日

仲脩先生仁兄大人史席八載神交一朝聚首傾襟投分

足慰平生而西辭鶴樓又有悵于會少離多矣近屆

送臘迎韶

春生絳帳佳兒佳婦好合承

歡引領

德輝昌勝忭頌弟蓼莪永感蒲柳早衰原可長結鷗

盟藉藏鳩拙特以未營三徑家食難安有愧北山之移

仍浮南海之棹開歲正月之杪即擬首塗所望

教言以匡不逮武昌居天下之中名流輻輳

執事學綜漢宋主持壇坫南皮之讌極盛一時良可企羨

弟前月赴吳門弔女嬃之喪雋之頗覺頹老適遇星

海同游怡園與登酒樓一醉而别未嶠伯嚴敬山當

時相過從坿呈玉臺名翰自衛夫人至柳如是手蹟凡

八家為醉李徐蹇媛所輯亂後此石為家逸亭兄所藏

近甫椎搨寄奉　蹇媛有詩見兩浙輶軒續錄

雅賞肅此佈肊敬頌

年禧並請

箸安維希

亮照不宣　小弟武祥拜狀　嘉平祀竈日

文郎伉儷雙喜

江會鄭守庭觧元彩行力學歿後始歸道山

遺箸為其後人新刊堪以奉

鑒

楊銳小傳

楊銳　一通

仲脩先生經席：日前奉

教，昭若發矇。七月回杭之計，已向　師座言明，但促速返

耳。陶世兄事允行，尚請

孰籌位置，或讀書，或從政，再當因材而施。書院有張炳耀

者，函丈屬詢其人，嚮日是否好手，前應官課卷是其自作

否，均乞

示下。《湘綺樓詩》祈暫假一閱，容再奉繳。手肅，敬請

道安。制楊銳頓首上

十一辰刻

五雲箋

梁鼎芬 二十三通

玉樵 以下先生壽言 二字下依此 何便調伏近時 何日歸

尹仲 張寅似冊王樵之叔

穉雲 來函再啟 江尤健好之

錫水 薦香之函 欲再搨之

筠林 世文欲精印

學齋君 請經直手近時

世有尚其調法 近時也

壽健碩肥

黃晉題

節君集

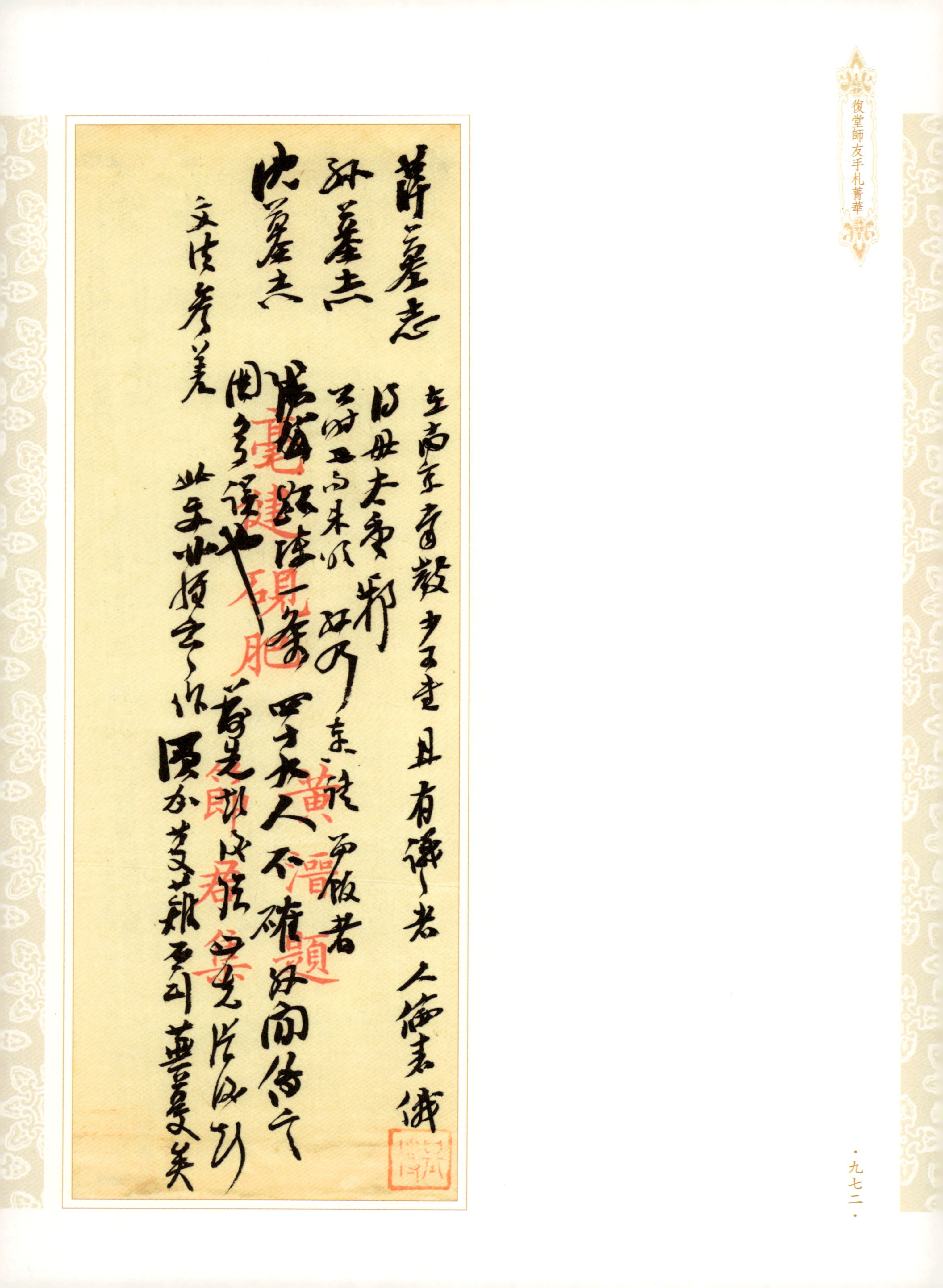

龔權以罪天地　乃君教以為文字如此錄
隨之以垂定論似當先述其定世再詳
其去學者乃取其情僞以之日紳論之
而難性于史法甚難惡以論之以懲其迷
著中書數十年　之之悔不來由此
傳之後也　書紳之語可嘆矣乎
大集且疑　君行誼不可不慎也
友老先生　弟本

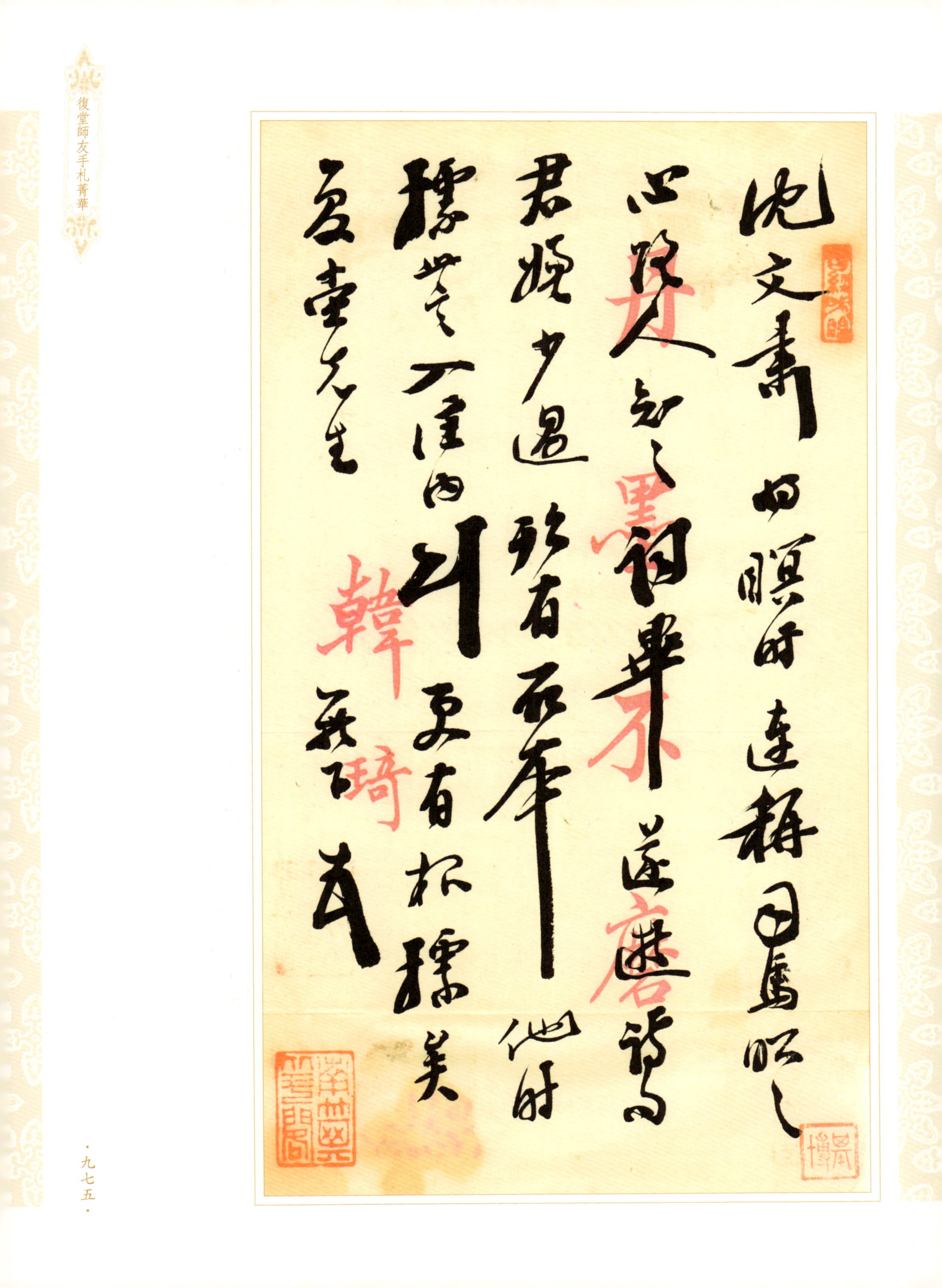

詞綜選石帚詞數首，他家如側犯（上半闋近）纖穠、法曲獻仙
音（當為今白手拈，性來之語幽絕）、眉嫵（上半闋）、石湖仙（此以花月重之，非宋詞也，玉友會真）
玉人金縷（二語不佳）之類，均非了了人集裂。詞錄此不采，是也。要如
淒涼犯（亦淒涼）美遠也。霓裳中序第一
先師宋翔鳳先生稱為幽咽頓挫，一結動盪，真搖心魄，
甚與鄧巷石宋。石帚長調最工，而拙于短
調，性靜者可言也（言）。先師以為絕唱，要不盡讀之，
覺子惊方山齋集一息，惟其指行盡
不補之，以劉朱十手長句悠揚，先師後以詩為

仲脩世兄大人侍右：昨晨詢善世學丁鄉許處，此詩詞出世年元寫不誤，未知何據，可查之否？君據心引，仍從秀許世學所有失也。而年如莫春，撫晴貴世上

文臺大人先生詞席

弟啟上

稼軒詞張周劉三家均極推之

詞采都佳以稼軒深處學其三更一層

周朱子邢世作下陵史樊榭卜算子真只一層等

東作寫來不微性抱出押一之調子

補正

復老

麾下

拜上

稼軒何二兄

感惠 讀蘇平同朱晦之兩世

掌上數編吏北莊世老會悅忘言然知足方之言

手函不能自忘 城東今朝梅雨霽 青天好 一壑

一邱 輕衫短帽白髮多 時憶人如書 雲何在 庭有

花徑盡遠芳 江河風日 花何時了

下箸子 尋春怀

修竹翠蓬寒通日 江山暮 曲徑無人獨自芳

此情知無數 不共梅花語 懶遂時光去 蕭蕭矣

尋春不肯香 香在無尋處

先師姜白評詞舉其一二調，請爲附入
集中各調圈識之例

一萼紅
說雲意，又深一層，又兼作畫者，重重鈎出了
深厚有味

暗香
暮付月三字用劉夢得詩深一包字便絕妙了，末句微
帶生硬而別有風味

疏影
暮付月色妙在傳神了，唐枝獨占工于證物
此字實鼓詩字及右部上許此字暗寓字〻

長亭怨慢
低徊帝宮悵恨郁也，繼付誤與，想感時也，見女子妃不
知此國恨也，以更甚結之。其前序云中郁班云官蘇，蓋借前記之不謂也

齊天樂
此詞于武陵西湖吳興，精力于刻，結語香艷

念奴嬌
念奴嬌大呂調曲也，大石調與雙調中間隔一高大石調，故云隔指聲
風流名勝四字佳

湘月
尋常語了，說來自然入妙，此全在神韻有用

琵琶仙
芳力上句新奇，末二語微欠莊重

滿江紅

淒涼犯
住字即說在中腕俱教聲了，本手通四指畢曲
張村夏兩俱結聲了，宋人歌曲最重此聲了，遠次
付不知也。其下擬以題湘月些子何序，在其入佳者了

天寒時相思，得

書重[illegible]夢寐共之。旦來

漢上都似不[illegible]，今又為病阻，須

于三哥已到，然年內可了

當一相見也。憶人在念。

[illegible]頓首

十一月廿三日

昨承示坐 清快 大人著即 指 提刑

手子收云謝佩 家君業已照 辦

以饋歲 與石足 襄翁故上

復堂卿師 世兄好 弟 下 二十二

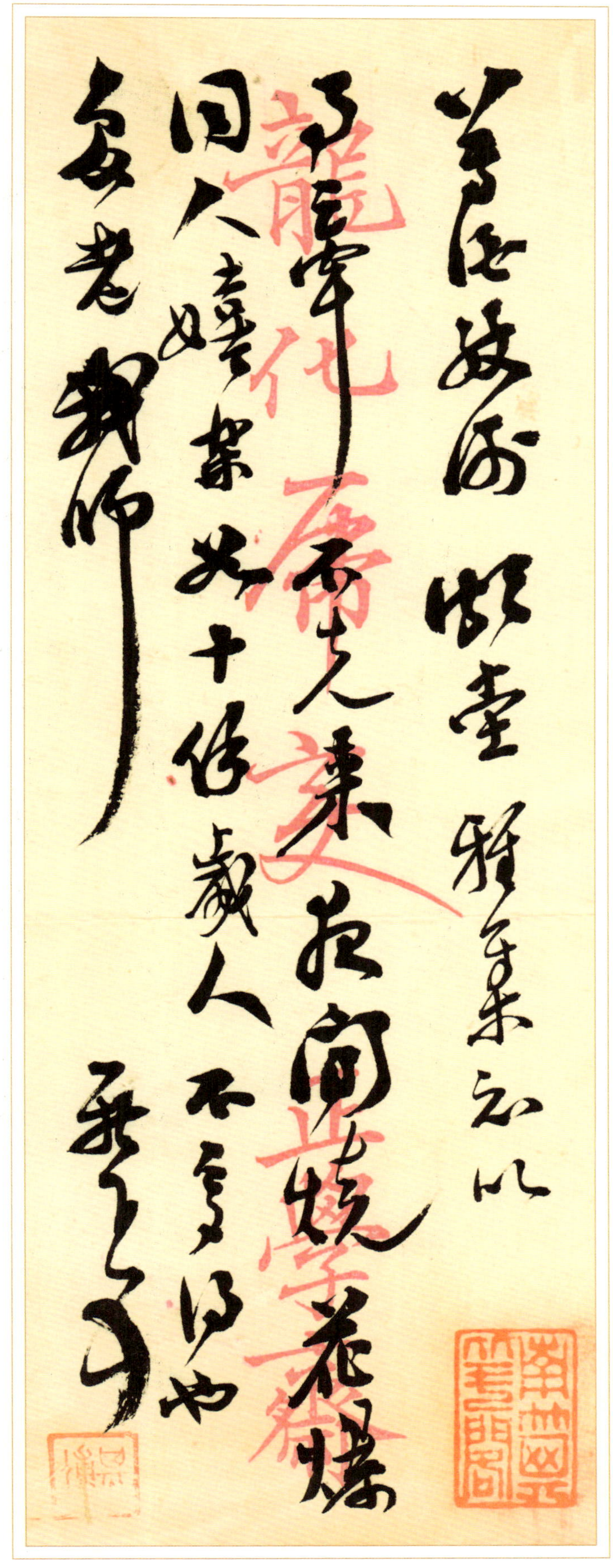

大文昨來三之一，今早出完之，屬多
忽告不用蠟言
毛不可書，技既劣，乃此滋蕪
名作撥厥，日來似未人，不暑著名甫者
左右自當小可，不煩標出也
仲修老兄我師
弟示
春

有扇寄濤學士丈 社君書大佳 此請

書兩畫心 藏青一只 乞並東寄來 謀令

不寒暑茶 即還 盛農家留雪久矣

復老先生

世兄好

秉夫安

謹備花紅　喜屏　活計　四事

奉上　區區不成　微物　壽儀

令仰壽華　敬賀

復堂先生大喜

世兄　同賀

麾下　[illegible]　十日

弟萬白肅

歲月來與字逸遊遊來常時不
覺別來真可思之絕矣
有之使人不〻慕　世上安得此一醇醪耶
天君　懸居日似　吾到鎮江旅宿
可莊署中令日辰返山蓮洲半人已書　定川爲有一扇也
成請　弋家世收飲遺
友老先生　世之好
弟某不　拜狀　六月六日

承詢 公[illegible]壽別[illegible][illegible][illegible][illegible][illegible]

[illegible][illegible][illegible][illegible]處　注舟[illegible]且[illegible]也

[illegible][illegible]南雲老人詞本[illegible][illegible]一冊石二

[illegible]厂先生

[illegible]下　[illegible][illegible]

二十六

兩奉
手教，謂從者將來杭後同人出
僉無已，不知體氣何似，業生已矣。
今猶心痛，有挽詩否？楊葆光頓首
書代宗匠康侯久未報命

墨淡神勁三郎君筆意 龐元濟

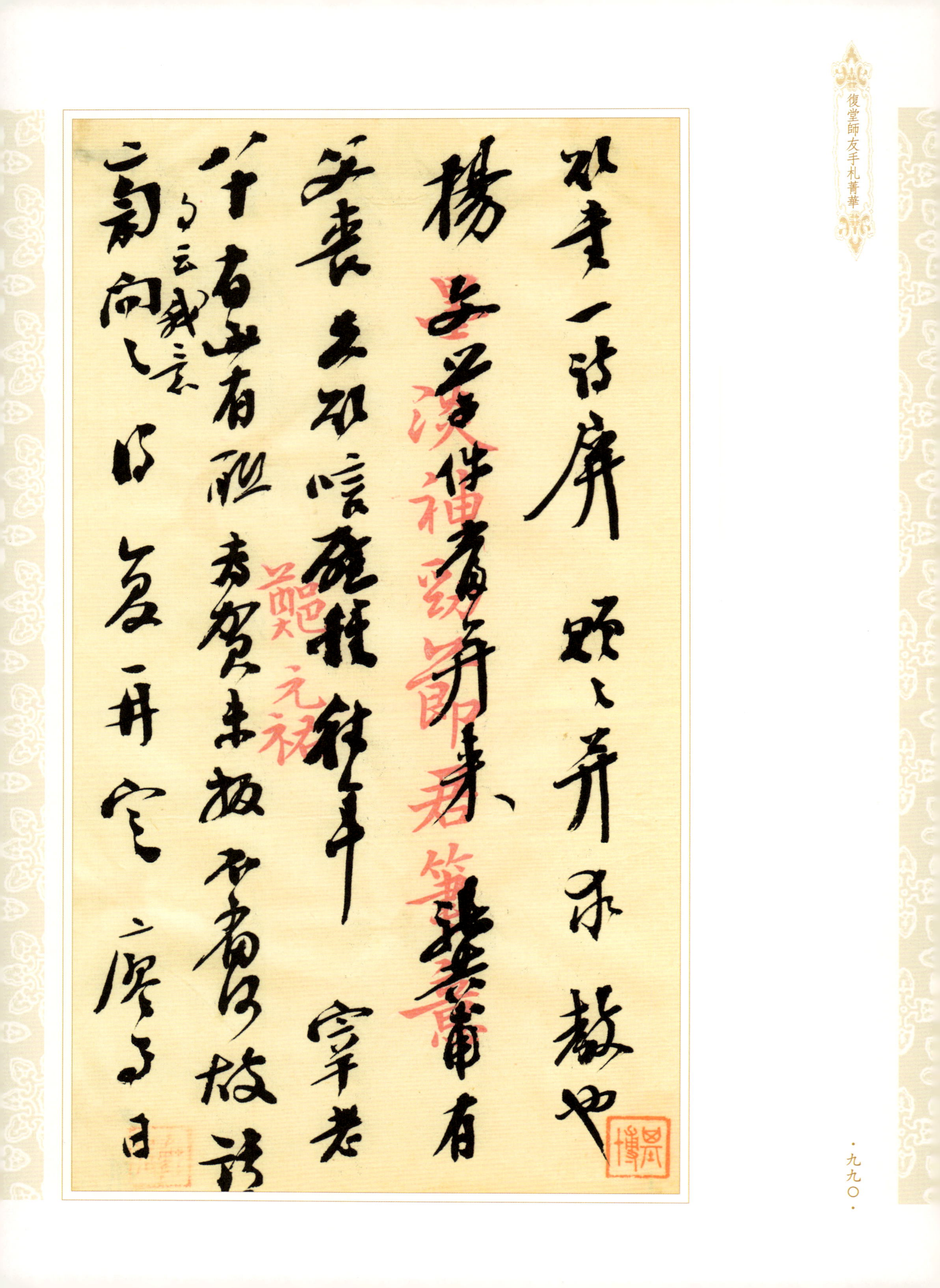

[illegible]

[illegible]

[illegible]

而西信致上

復堂吾兄我師

[illegible]

此足存念

[illegible]

經心一席 南皮宮保以待 君 譚撫部前席
將編鄙人纂例亟請南兩湖之學於校以
太郎必不以此屬 宗甫 楊達無著
語之以為言 送以經心 聘楊 南皮云 君
本老夫士之 老門生 也 兩江再 任冀之亦可圖也
江夏鄧返悱 楓子少侯

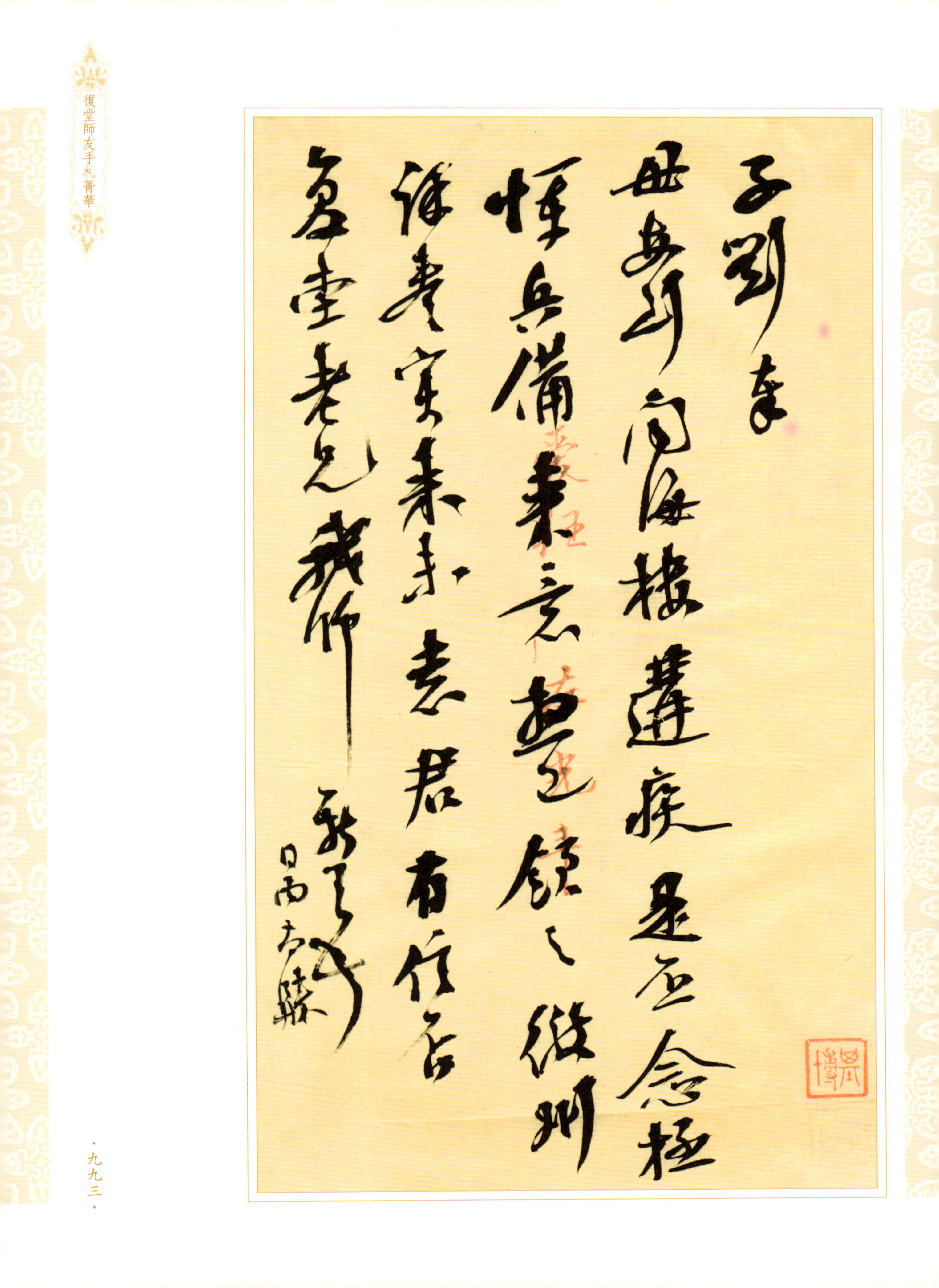

讌旨遣
張侍郎
何以撫往復來
捷考全椒大臣
來不知國是如何制詞條款如何
庭兄諸侍郎如此之人不足惜之者
國手可
李芗夫侍御已惜於予惜
半厂老人
稽首白

七年漂泊，乃得臻里，今歲又罹傷逝，多病(?)兩月之久。念講(?)余仍余親(?)亦復來，寄(?)下至丹(?)保養(?)，重承賞[illegible]日清況。方有崇(?)緒，復步(?)寒月，念吾半丁老人起居無恙。指撝未闡(?)。

九月吾(?)　弟(?)　拜(?)

屢書來曰擬問新年 世變日甚
無可賀也 張郎之贓 賕之獄
聖聽 報郎 徒累重 奏止人會寡歎之 東錢
唐三蒙恥 南海吏 渡石鞘
大行日記 挂名 惹章 了
復堂老兄教師

正月廿 日

會況〻天地若此五年何

存邪　南雷丈一書捧上今日

返里秋間入四　是時又不知是何

世界也　大壽何

手教思之感悔 比來

心境日似南田畫師不素否

甚念子尚也

生广老人

再拜狀

寅月九日

愛狂 左畫光年

博

鄭人以夏會元之失寧遠及門進士

京官職銜請於兩院同鄉京官保

且及

左右之須求鄭人屈講鄭學

祈鄙可笑　張濂亭於蓮池居

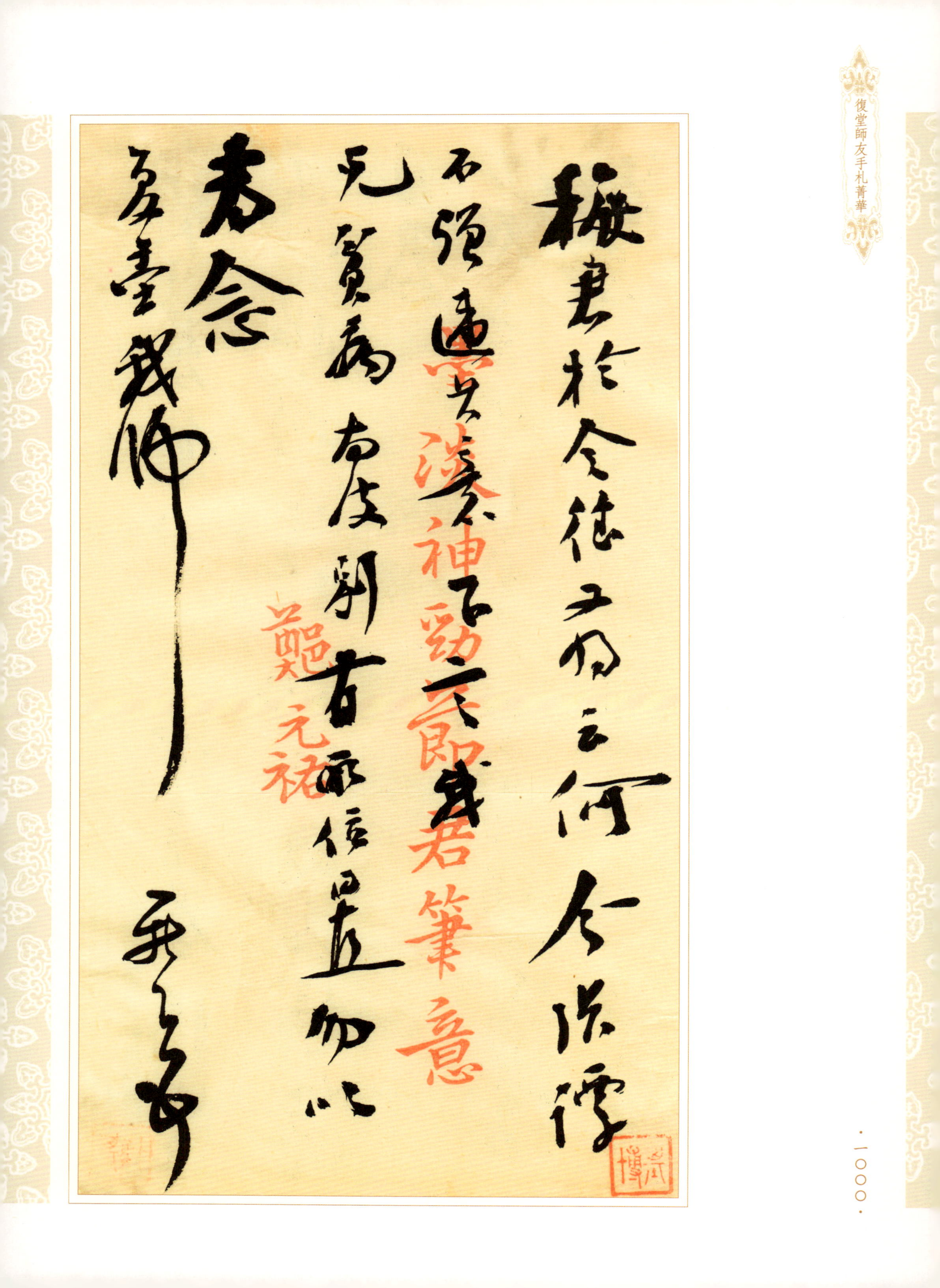

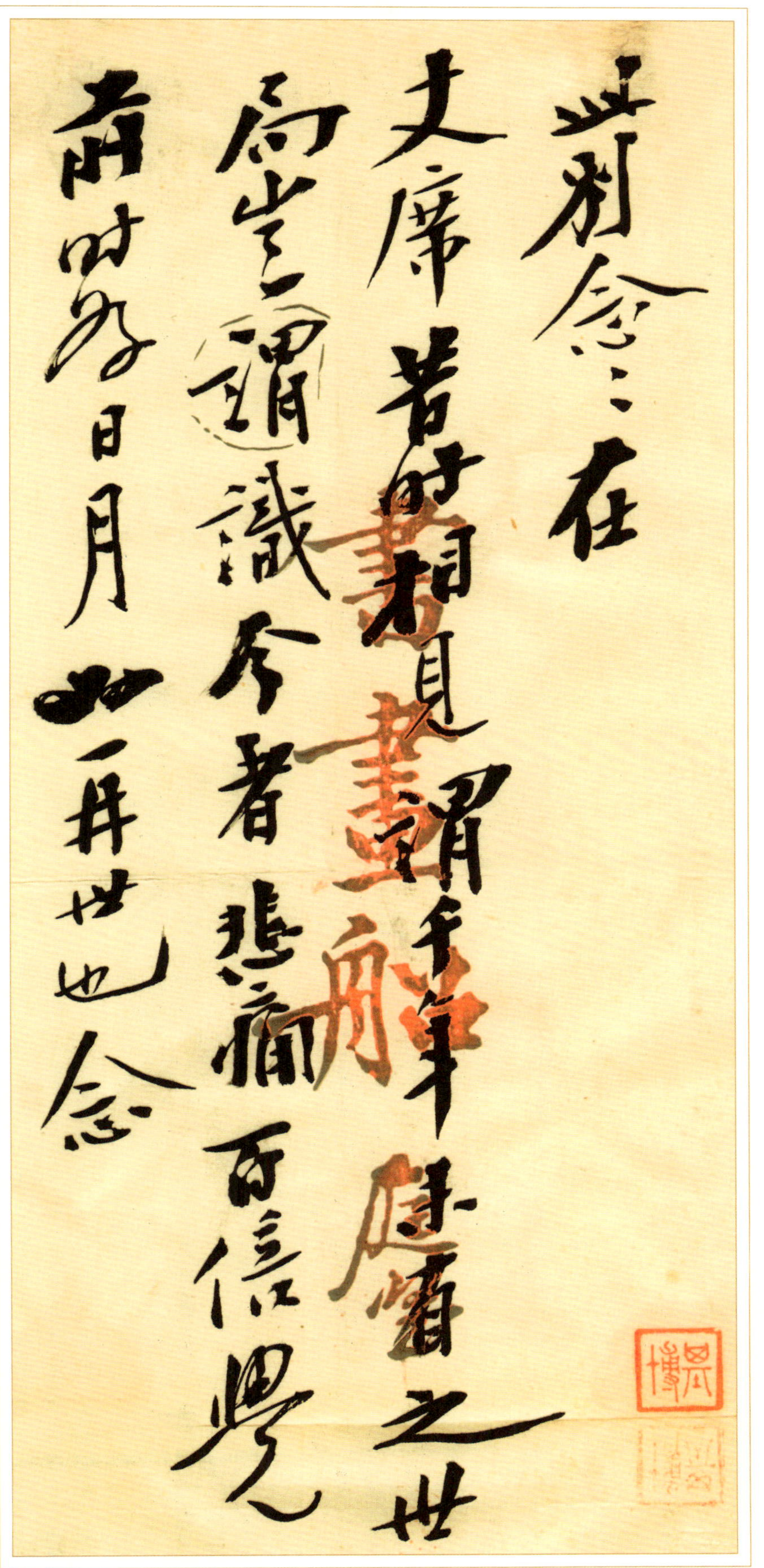

公垂暮親見此事耳痛苦奈
何奈何足下蹤已去未可遽惟緣
無路惟相告無此慰藉語遣此惱
公今年必有兵事杭州居穩

否天下亦無安樂處也　先世考
又聞白虎見長嘉今歸石橋
來敘穩又往山居雜錄字去秋
所揚以饋

半廣之未寄，并此奉上。其他世兄

可詳石一一。

復堂先生寢室安注

頻伽之字陸之云

廉夫

三月二十日

樊增祥 七通

日來料理出山，情緒甚惡，殆如脫籍之妓重入風塵，意興不甘，非醉遣愁，即賦無題二首，借酒澆壘，亦惟同病者能諒之也。手簡張令，姚先乞得酒否耶，在雨中復成一律，君已醒我，狠狀態更亢。譜下一笑，此請復堂我季夫子大人道安，弟樊增祥

七

雨夜來

仲脩同年院長命承　誨政

往歲西堂共寢歌，十年離恨滿關河。一春花事溫暾少，此夜樓居白髮多。酒綠移紅如夢耳，燈長雨久奈情何。摧心樓畫明珠淚，細寫春愁上扇羅。

增祥

仲脩老兄同年夫子大人師席：前寄寸牋，諒塵
几席。昨由鄧兄寄還拙稿，荷蒙
評點，略弟並蒙襃見。吾
師勤斠他人文字，去取謹嚴，不輕許可，獨於弟作童少
取多，得毋好近於私愛，忘其醜耶？另加鈐記者，謹
手錄寄上，以冀附名
樊樓。所惜行色匆匆，未能盡出所作一一就

正月十餘年來刪存渠府繕錄百首目前此了亟究
精微
篋中所存真小兒語不知能刪去否　者師屢當見指不
濟不住月初忽覺怔忡宿疾靜攝半月甫能瘥愈日
內即附船南行草草上說敬請
道安不莊年姪馮超祥叩首上
賜覆乞寄上海四馬路西南德人里三衖西列第二家樊公館查收

何園〻臺郎覽欹烏皮几
天子應頒筍籜冠我昔春明與 君別鄂城再見頭如雪每持猶龍
喻老氏六荷獅兒樊孫策難忘嘯詠庾公樓尚思歌舞岐王宅
新婦解下龐公栞舊遊剩与曼年說袖詩送我秦川行老懷歧
路難為情煙霄五載萬關隴掉頭不見高堂生篋中新槧
樊山集序詩乞取湘東筆品目遠過司空圖聲價高由皇
甫謐江城寫書付秋雁何以報之錦繡段唱和頻添汐社篇
酣呼寧識神亭戰海內
譚 李雙崢嶸我所師事皆服膺長庚夜墜達茅驛專席淡
菸房杜陵元黃天地稍清晏同道執珪桂鄉縣我居西北尚
風塵安得白刼數相見庚郎最憶江南春鱸肥菰脆等
婦人清波門内三間屋終与白鷗來結鄰
仲修老兄我師大人誨正並乞
賜和　年如弟樊增祥呈稿

丞相東閣不足要未游但願松風蕭爽吹我襟富貴
束腰日角替鄲罢毋寧花下百叩煙卿頭　先生盛
名滿京洛乎雲相如覺世作掉頭笑謝饑兒覓　挂
席江天訪黃鶴玉笛仙人不可尋幅中高歌還如昨江
山是時代非饒枝烏鵲猶南飛襄陽銅鞮白日晚漢上
垂楊印澥稀顏鬢非肝膽是擊筑悲歌尚如此大
黃射落堯時日釣絲量盡江中水　江水不抵春盤

昨日暮徒為梁父吟南山霧隱北山笑相去寧止丈
再尋劉歆妄議元亭訊田文淚墮雍門琴我材淺
落本無因風義然為師友金幕府蓮漥淥水開故
侯不待青門種已料臨車驃騎韋何能飯具鷄糧
共一篇送我西入秦氣理實過當南陳試啟篋書流
汗走閩備同此皋比北面稱經神萬遍庵老君鬢新
淚江上採春洲蘋盡識如雲散如雨春風濛濛吐玉塵

世無傾蓋合不如舊雨真陶潛在官八十日我懷淡蕩真甘倫長安雖云樂不如早乞身清溪門外有君三畝宅好待白鷗與我來作東西鄰　庚寅歲

仲循老兄來主鄞中講席適余將往秦中輒作詩贈行託意良厚快讀報之即行卜鄰之約時蘊洲老友亦有崝江之行故篇末及之錄請

削正　年如弟[illegible]祥初稿

懶殘青有現在身，尋常解脫更尋常。功名不似冬冬
青燈髀鄰國外病木春（都），把握考亭方寸地較量
司馬九年人。風塵且可留真面，隔日相看（越）淅水濱。

庚寅歲暮將赴官奉中留別

仲修仁兄同年即求

正和　弟樊增祥初稿

昨詩第一首第二句奉乞丹黄，對代改作解手琳瑯又叩

譜拍雙聲絳樹，倫傳是靈均一脈。湘愁付與嬋娟。雛鸞已伴文簫住，剩小喬未嫁，幽獨誰憐。大堵相如，琴心渴年年。銷魂第一霓裳序，撿匙名彼此嫣然勝。當時劉阮匆匆，費與神仙寫遣。

俾倩老哥我師大人 夔笙弟頓拜

年不敢事雜蹋喜莊鷹眼化酌酒南頭屋誰何柴藤紙
云是板橋竹稍欣葉几淨未獄油燈濁坐聽風號兔悠然若花熟
初十日冒雪還縣手回齋均
瘦馬恰驢頭鶩禽睍羅目凜風粟凍肌微雪縞庳木畫
意潯王維小詩稱周朴健役走且僂惰農飽不宿平疇
積輕素劃若帛有幅鈴馱嗒無氣牛車莽折軸林梯逾
舊紅睉蕊失齊綠散若蝶趁花聚喬獅蹋踘衣莫外重裘衣
帽不宜高屋最憶瑤池宴幽哀詠黃竹鬢覆投西王寒吟處
洛下濁歸對鐵燈葉陰符已燭熟
是日同年賀主事約共飯不赴三疊前韻
伊人隱漪水名不挂陳目醉流築草堂千章蔭喬木通籍二十年
讀書師抱朴朝畫遠山眉夜傍梅花宿烏角冒釵鈎業毫寫裙
幅懷中昌黎書不肯上鈞軸同年偶萍聚坐俯渭川綠有意置
蕪本無詩嘲皮蹋朗來具雞黍條我滚塵屋坐惜壑事勞不
遑看蓮竹同是一脈泉底分清與濁莫笑蜀魏三相逢半生熟
仲脩夫子大人鈞正　弟祥呈稿

陳三立小傳

陳三立字伯嚴江西義寧州人於光緒朝以進士官吏部主事父寶箴為湖南巡撫憤於日本之敗欲藉湖南以作新全國三立贊畫時〻就按察使黃遵憲學使徐仁鑄論議改革以獻於父興利除弊惟三立一言其父固信之篤也三立嘗稱刑部主事劉光第之賢寶箴特疏與內閣中書楊銳德宗召兩人入對加四品卿銜充軍機章京參預戊戌變法及事敗寶箴以薦舉匪人革職三立亦奪官寶箴尋發憤死而湖廣總督張之洞與寶箴同官交舊三立聽招以往之洞以名士為達官名流景附儕〻稱盛然其中亦自有別如王闓運樊增祥程頌萬鄭孝胥陳衍之屬曾入幕府者為一類而三立與文廷式沈曾植譚獻張裕釗吳兆泰諸人又為一類則文史商榷從容酬對而以賓客相待者也三立十桂堂坐雨賦呈抱冰宮保詩有賓僚久慣依迂叟餘事論文未可忘之句可以想見三立之賓而不同於僚三立既屏斥不用則肆力於詩文以發其煩冤鬱勃詩與鄭孝胥齊名然孝胥以秉悍勝而三立則以奇奧勝也文與馬其昶齊名然其昶以修潔勝不脫桐城家數而三立則以雄奧勝不囿於桐城也海內爭誦其詩而真知其文者尤少刊有散原精舍詩集

陳三立 十三通

昨承
惠教於新聞紙見寶甫奏件
豈遺穀耶申漢二穀似未列
徵乞
檢示何如寶甫日前書來始　三立

往金陵為決進止從近省要事
仍速其來鄂來審能否得不再
稚卿昨到仲林無消息
敬頌
復堂先生道履
三立再拜上 廿四

毒熱且迫瑣事稍涼適當承
雅訓寶甫竟至台南与劉永福
有恙雖相守之約日前以請援
事至金陵書告二劉皆慨任纂
至南北之說另無所定贊子北發

一電招其來女以商進止迺迄
來得復詒之黃鶴飛去耶 芋老
子早逝僅遺二孫長者為詩藝之粗
清通次者以佐雜留江西維補
即南皮令委充江南督轅

文迥捕者也南皮萬於舊坡
自不可及好事者必列申報以
張之則可笑耳家君囑來
幸安平福
盛任長歲手布敬叩
復堂先生道福
三立再拜
十六日

笏丈昨午方往匡山三三送之，渡
江約重九後必返。寓甫昨來電，公
事已了，可爲矣。電云：彭復失，安平危，劉譽入
内山餓死不救，無天理，救無法目督
所謂雨帥者，更有
北氏達華圍擊敵解圍
兄宜念急電代求雨帥云云
何法，雖有十包匠，皆安用耶？送電催速還
冀堂先生 教 三三 弟再上 二首

惠教敬悉笏文竟無使至寓
公書想係郵達也節即丁甫往潯
即有人電約為海上之游山人浪
迹如是之袁大令風稔其為老成
舊望積嫌往歲漢陽鞠獄不無把宰云
復堂先生侍席　三立再拜　廿八

冬晴奉訪

復堂先生綴句之

教

笳角山城下谿谿見此翁微言綜儒墨

孤抱劇（直）豪雄日暖懸花氣塵塵明暎

錦築那傳江海思吟鶻在牆東

三立錄上

尊恙想平減服何藥為念
大詩沖夷娟妙迺不食煙火人語蓋
微所養之邃環讀近律絕數章聊若
盦懷作
教削之敬候
復堂先生康祉　三立頓首

寄懷易順鼎

一燭江湖上模糊見海曉諸天攀嵠澀謂

扶叶近事

微命与提攜吹劍似泠迴檐月

又西菓殘鴻影盡祇是鬱淒淒

梁粵東居焦山忽傳是病憶無成句

此生成詩死垂死肯情傷四海借誰

遯羣流仗子狂魂依鐘磬外吟蓊
鬼神旁恍扶蛟鼉出支離指大荒
月夜十七柳與棋諸子對酒
冥花歙徑莫尋源但傍蛙聲置
酒尊楊柳當橋千竇涇池與来
月与心温仙緣氣侶歌呼了勝架

蔬籬世界存各有良宵携不去貪教山色染眉痕

送胡元儀入京

湖外談經海更觸依依江郭暝撥簽撐腸文字飢何用抱膝平生一笑未磨雲暖樓船迷去鵲夢殘簾能

瀾飛蠅古來雅步誇觀國老大
相望為擔簦
嫁娶人間好弟兄初情嚴道杜鵑
聲 居和弟之甚 發杞覺 一葉蒙自寫江湖意茗
梳因回還亂渠情獨夜星辰借入座
微塵瀛海見飄萍 謂朝鮮近事 浮杯殘畫

三山影閣儒蛟龍試一鳴
感題海上歌者素秋所畫蘭
葉葉花花顛倒看張湯四壁讒生
寒仙人樓觀香吹斷卻憶舍豪筵
玉盤
自扶識恨作春痕背燭當窗看

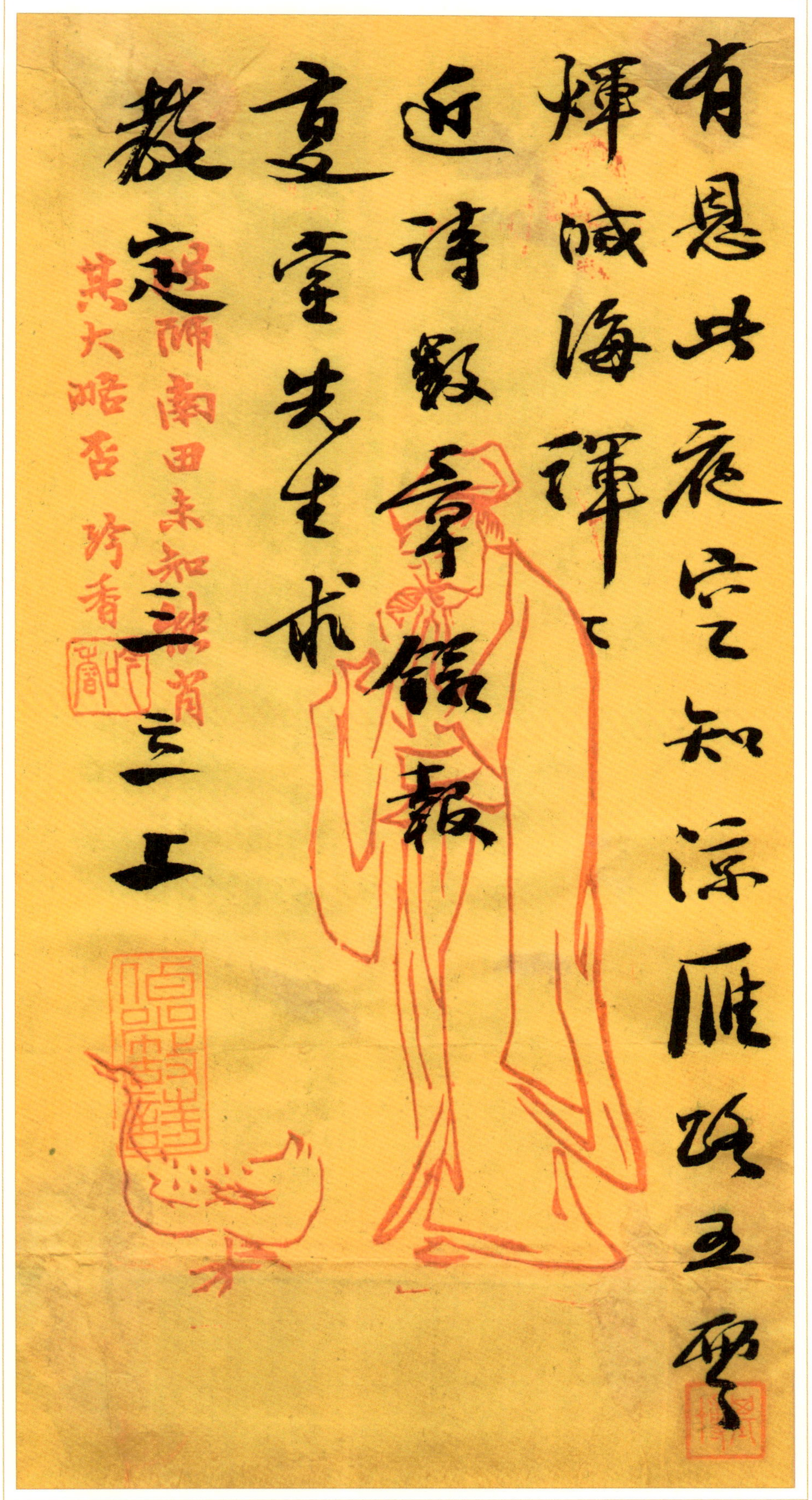
有恩此夜定知涼雁路五雲
輝咸海譯丶
近詩數章錄報
復堂先生求
教定 三 三 上

壽矣不敢走詣山館頓
長者起居也今雨當漸深可徐
圖良晤葉藏山急病嘔血昨消息
電所若已往視此將至處湘中書
早到因未寄還原單未到何如耶
公所賜遺惠遲華若溪妥

豈亦今若渡竟石門出相印邪？說部書今新寄者有儒林外史、兒女英雄傳、嶺南逸史之類，先生能一笑讀之乎？敬頌
道履至至句
仲林叩
復堂先生

怯暑久不出，今日始勉一趨候。世
與行市中，如罷奎上，憶不可當。
公儘宜靜閑，雨涼再奉詣也。書單
閱訖，王刻求經注尚存一冊，耤呈上。
仲林日內亦中日暑病矣。手復敬頌
復堂先生道安。三立頓

水經注首冊漏未檢上可笑也今補送而淙精可展誦以願有所述造不敢承

復堂先生道福

三言可

仲林病差齋附候

復堂先生几下晴秋燠吹維
游息嘉善檢奉宣紙求
轉懇蘭洲先生作小畫紙長可適意裁取
以更賜題其上亦世傳之瓌異也敬訊
道履不一一　三立再拜　十七
近有金陵義墳士紳助資甫万餘金携帶以往者告
以聊爲破顔　之又及

頃函山丈已到，約明早十點鐘登岸，就敝寓小酌，以餞勉來一晤，候否？飲啖隨意便可，不拘也。此上

復堂先生

三立　十九夕

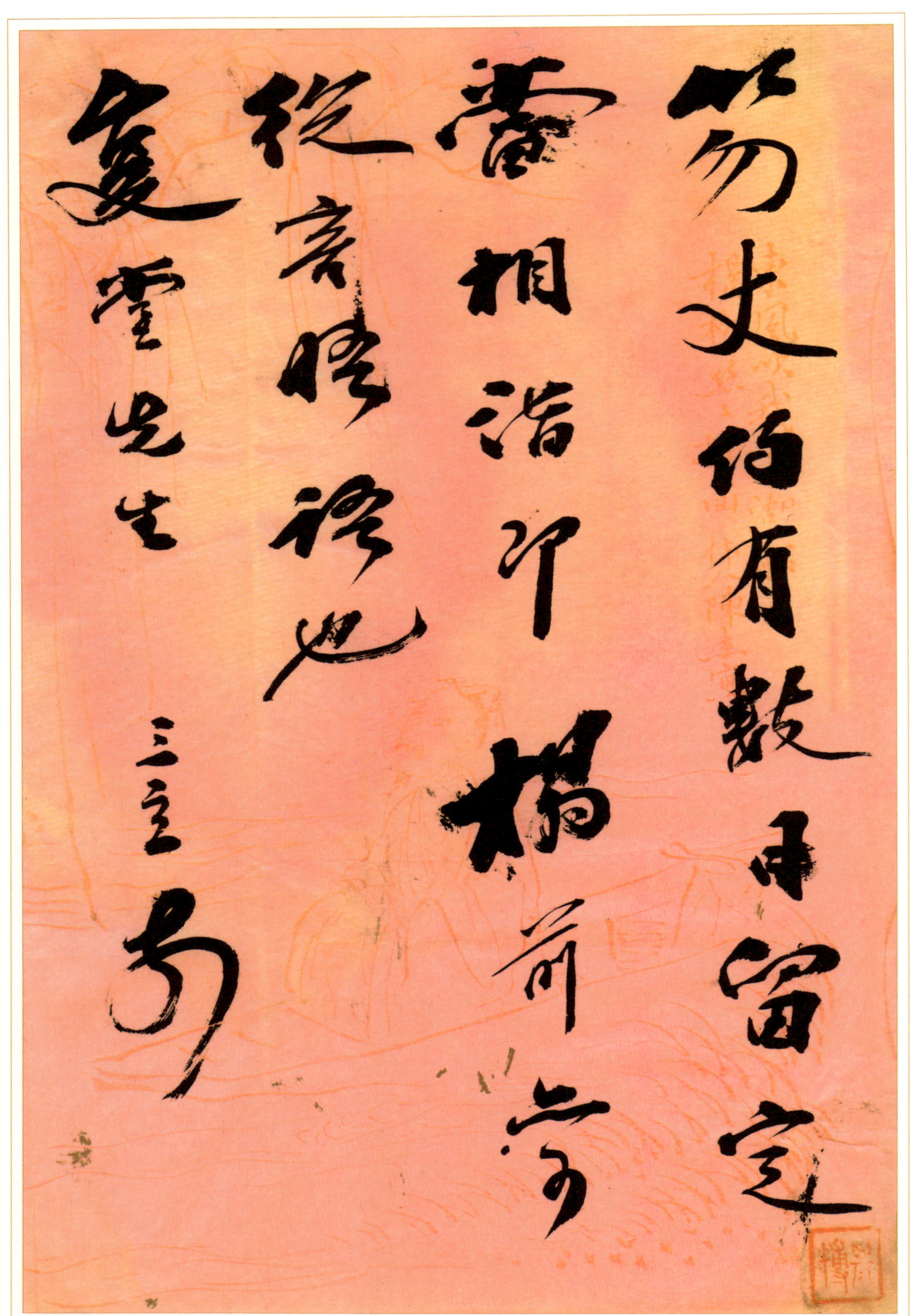

易順鼎 三通

仲修世丈大人
講席前兩日聞
丈來狂喜兼以感喟苦為文字賤役所
縛冗碌万狀翌午當謹拜
牀下先呈小詩一首求　和並近詩一卷求
削正祈　誨之此請
台安　世小姪易順鼎頓首上　十九

師竹友梅館

燕市傷春客三朝鬢有斑淚痕滄海
水夢影敬亭山瑰瑋書盈尺蒼茫屋
數間吾翁天地内相望兩衰顏
喜聞
譚丈至鄂感賦即呈　姪鼎

萬死餘生得重依

長者杖履感慰交切 老父近筆

數首送

覽 姪此次渡臺小詩附呈

誨削 務求 斧藻為華此請

仲儀老姻大人台安 姪制鼎叩

周葆昌

一通

復堂先生左右：消夏尋繹
尊著類纂，當年曝書亭稱兩脚書廚，何異。小子童時所見架
上書籤，對此儼若過庭。朱蘭坡文選集註，涇産也，覓到一部奉
呈土産。以包安吴爲大家，四種之外，尚有襍著未梓行，詢諸孫包
祖紱廉貢，據云統歸長房收管。長孫湖南臨武令包希魯是也。
與所學集衆紳共議，擬將慎伯先生詳請題奏入鄉賢祠，
僉曰然。已致公函于臨武令家孫矣。只要部飭督院司房有着，不
致駁詰，則修飾前輝，振興後進，亦爲宰事也。文廟可鄉賢祠
而名宦祠以已移知所學，選董經理，擇前年有江西富紳寄來款

爲芳矜香矣僅存木料散莖而已書院今年每月十八日添高課由掌
院籌備膏火因之并
恩榜南北六名副車五名武舉一名可謂極盛今年只恐不如何孫二家姪輩何
積先成孫積速親必須來
大文章冠首以振拔士氣使開門見山頭頭是道未始非循途守轍之功也能
許我否本山茶葉氣味重濁須乾鹽濾不宜清不足取也惜上巳日所產
某魚小如針形若鱸魚箇箇有子如侍某育控鯉仙去膳中華漬入水成魚
哉云上巳乃某育生辰衆魚出賀粘妥吉之而已今年出產極少然
遠不如我鄉之海鰋鮮美也新得阮氏物大西洞坑硯九方長短鈐名

年寫蘇字晚習王漁洋用筆絕古人在前亦當抗席在涯僅得楹
帖一聯（亦揭冊頁交帶來）聯語云明珠翠羽黃初賦紅樹青山白下詩亦最
前知後人所刊刻律賦在其二句識語可選入序中朱瑞庵府當詳譯
題辭云乾嘉老輩專治經學詞章於今北地殊令人風流息想提倡請
遺韻在斯時 無狀觀瞻舊來經學舉要十年 路迴後人其功不淺
嶺賢同腰瘦前村依兩泉頗為牢騷 青出可師不知八詠樓中如
何揮霍以玉麟累如老長亦妙境相見其間渾渾度無為何事耶
此次入都傳聞有支應外國使臣大約留任上海道顧謀說之何
頗引出頗高興 有伯信公威重靜鎮不走在滬編刻 斯頓

瑞庵拓贈
歸附知到
為賀而仕

陳文恭公在官法戒録五餘條，玉陽宗氏題曰公門果報録，刻成呈送一百六十部，忻州作序，歲暮又通行各府廳州縣，令我置身無地。板存蕪湖，案即在給陷疊至。但願教得書吏良善，訟挽減迹，較之縱千百虎狼入山，聊勝一籌耳。倘人人能看，雖一知半解，与請

唐文粹代覓部 至必一套 要貴州皮紙

聖諭鄉約何異。此就中人以下說法，工習古試以出能過來可料也。附呈一本，聊以覆瓿耳。律賦何蘂史成刻，工宛若京板，增閱格式，看許校官序一篇，頗未愜意，過譽也。

先生務求以質直之言勉我，而勵潔之多士，則幸甚禱甚。此請

著翁周荪昌頓首上書 六月初八日病瘧養閒三日
再啟者今年有舍親在蘇垣辨位育堂善舉渠云袁叔姓
壽松江人藏有王虛舟篆書四十頁每頁六十字所書五倫要
叙集范經 以伐木言朋友之類 索值百番 以五十元寄去
世人但知黃魯直學瘞鶴銘而不知魯直以前則是唐張旭
魯直以後則是明八大山人 此擊所子語也 果以為世人但知唐李
陽冰直接秦斯 鄧懷寧直接李陽冰而不知懷寧以前尚是
王虛舟何以知之見阮太傅題識管子弟子職是以知之當日
太傅屬懷寧臨虛舟所書弟子職數十副以贈服官者今

學校並家祠家塾，今時懷寧在孫王街研經精舍功夫正在黃絹幼婦之間。賤子所得乃第七副也。八尺正對開十二幅

初出付索值二百四千番，壬辰今年春擬脫經揚度歲，所以差囊者受賊孫銅玉石軟片矣。字徑三寸，前後太傅題識

六院氏物也，王書之不顯何也？虛其位高名重，以卑更書得名，而不知無體不備。晚歲家居臨米襄陽西園雅集圖二十餘通，予見至第十六通。尊年久明得云，全是逸少脫胎，何嘗多襄陽操縱跌宕之概。

今秋有喜事先報

公知

爽公以字小子坦率，於做人之道則可，於做官則不可。山居濕重，寒燠不時，久戀非宜。先生高著非尋常所能贊仰。小子出處不改常度，是以有坦白之與言也。

恩詔下來，總在八月十四五音一見

勝黃印記索英兄一手經理，也支每學政

賸興事隨時搬弄，詳會典。位卑年幼數年人生求難得地步

所以大家謂我窮，不怕我有此樂，縱黃金萬鎰不能易也

自嘆一聯云：青年縱中酒渾閑癖，老去耽書豈在貪書。天性自然

○收藏各件：○薰香光小立軸，前樹下邊書，新開一枝風滿園，保存色煙在

鄭苕口小中堂，長安少年游俠圖，漢陂中。○小啼調鸚鵡，武當詩帖，若耶滿園

犬驕眠玉簟，雁悍撥金鈴，碧梧攀花向紅蘿，勸君朝朝長夜

由子路之小帶雜，○八大山人荷花一蕊兩葉，玉几山人右佳卷，指書頗回，便是君子鄉共來

又鄭谷口題麦夫人書鍾表試渋鉤法 題曰渴帝猶龍氣吞顏杜寶刀

南皮大園一幅小中堂贈門生張軒臣觀察 李杜詩篇二王書法 鳴神駿矣 羅浮 峨眉

雅宜山人王寵手卷自製遊覽五憶詩 懷古山 洞庭 蒼梧 括蒼

嘗以泉石膏肓觸人稱貸五十金一券友人見之懷之以二百償之可謂隆至極矣 其匾

更有吾邑內賞鑑家所料不到者 鈐山堂襍詩聯一手卷書法不讓

雅宜山人之詩 但使之開惱 於業不淺耳 款四年家弟嘗存

戴文節公有三件 兩份 真一卷 小手卷繪 紅葉吾廬臨流水雲 白雲紅樹好山樓

跋 許君子倘我游山回病來一件 許君子游直子以

兩游未趣別因孟速離不回 贈圖存門生

仿古南山飛瀑圖 篆書題款 又兩冊頁 青湘可取 後人多于摩仿 明 紅葉內雲

一幅似乎偶乎 不令相仿此手書拟國亦難望其肩背

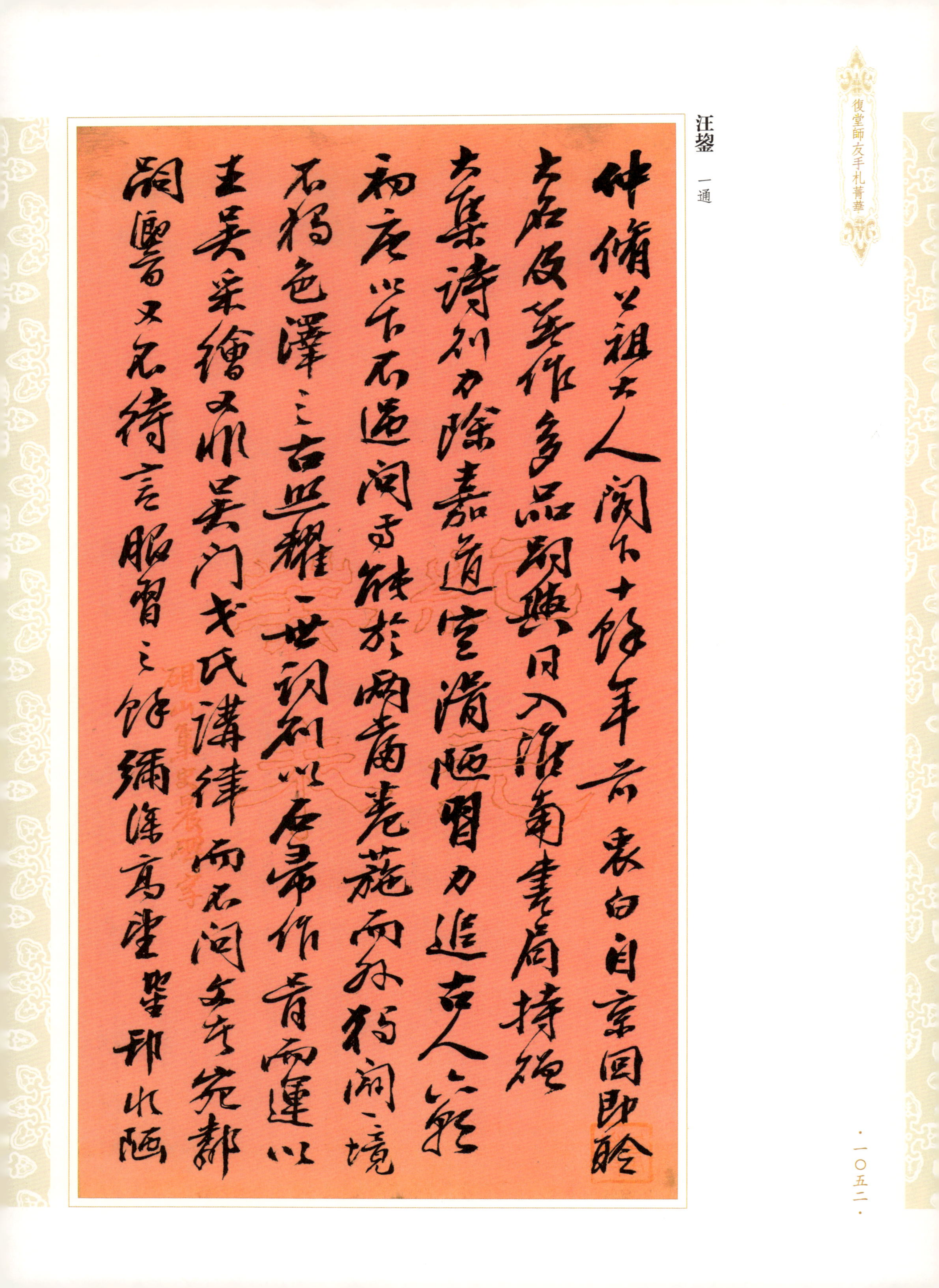

汪鋆　一通

儒術無一曉受紙性魯鈍垂老無成秪以酷嗜筆
墨遂不免東塗西抹厠大雅之林然以質固託鉢依人
更無孤陋友人自吾金陵回携碑
首送箋半詞語意悽惶刻吟苛歎
青盼真是家有琳琅不遺木屑抑歎之下悚惕益
深容來躬笑翁趨叙
鈐轄不獲奉書申謝於康阮氏以拓本挫刷及淂肅

李歇

函并樹秋畫伏乞
賁收爲感抑更請先生於五十以海捜羅金石拓本數
百通仿青浦王氏例成十三硯齋金石過眼録十六卷以收
六十壽分刻而問世已承楊海琴陸星農暨魏稼孫
並惺詒公駁正稱譏擬刻校勘記寄來付梓近又以
硯輯清湘道人題畫跋附以知不足齋叢書中苦瓜和
尚畫語録又加以後人題跋廿三卷又輯瘞鶴銘補考

二老手跡爾寧浮先生定為陶隱居所書於滄州
退谷兩老之好古證古人論說有輯刻成書未就印
通又讀魚樓叟海虞畫苑略成揚州畫苑錄畫揚州
畫友既多淪於粵亂者不數十人望思閣出詩文先付
阮文達只有淮海英集之刻於左又有家碩卿太史廣
陵思編之刻於畫閣如望就潤郡錄志錄其小傳文於圖
繪寶鑑無聲詩史 國朝畫徵錄及馮金伯兩畫識

蔣寶齡墨林今話揚州畫舫録諸書録而證之其有未
經人道僕業所知者條例以備查按之紙高均非所問但意存
閩幽瑚詩文稱刻而自無今甫經脫葉所迷甚個印
古閩卿郡文墨出郡意所指揚州近無一人可與商酌
若考日日莊中白李震虞薛谷伯潮蔡甫田皆化去僅一二知
老朽沾沾於此宗目量甚矣是書今無益今寫樣餅
俟明年閩刻俟樣寫成時即奉討正並照

賜大序弁下陳
俯允否先生年
潤並敘
外生戶門 生晚汪望春
望本歙人，祠墓俱在，因父業於揚，乃占籍儀徵。又字

朱啓勳 一通

仲脩仁文先生執事前託汪君子用轉達寸簡書
歷
青睞須奉
手教提命因函續補再四照及發騰四六叢話
業已編閱文達一敘源流數具精到之論于補雕
龍孫氏全書實當多至宗人劉諧謝啓猶于謂
兩宋為多章表敘論尊源唐五前者亦殊簡略
王銍謝伋善于肩隨彥和之秘固未能覈所收

佚文惟義山華山廟記宋真宗伊闕銘爲最宏贍

諸集佳

執事別擇必能去脂皆之毛而攬其髓竊謂表

啓二體非卓然名篇皆可從闕近粗定目錄

唐以前已略有就緒匡劉之文聊取無固之體臣識

初除不盡詳錄近點勘文粹甫及四十餘卷

議禮之文實有關繫六朝者但當取其有文采

有發明者亦駢儷之體文勝於質必扶其雜迺

爲別裁。如王子安送弟劼赴太學序、盈川公卿冕服議、駱丞上裴侍郎書，雖未佳贍矣，而陳義既正，文亦高亞，似宜采入，庶砥狂瀾，固非諸家近文。刪之至目十之三四，要使與古人詮書亦移上駟，但遠遜

大雅。奉

教爲難，嘗嘗見不佳

指示，繹且述耳。鄂中爲唐宋故地，人才必富

重以
春風同坐甄陶所及斐然有成但恨西泠舊
雨不克攀杖
左右受教
君子也悵悵耳客中起居諸惟珍重為道自愛
肅復敬頌
起居　愚小弟劉炳照頓首謹上
候廣文初目寫定書錄就寄請　愚兄觀文注

龍繼棟

一通

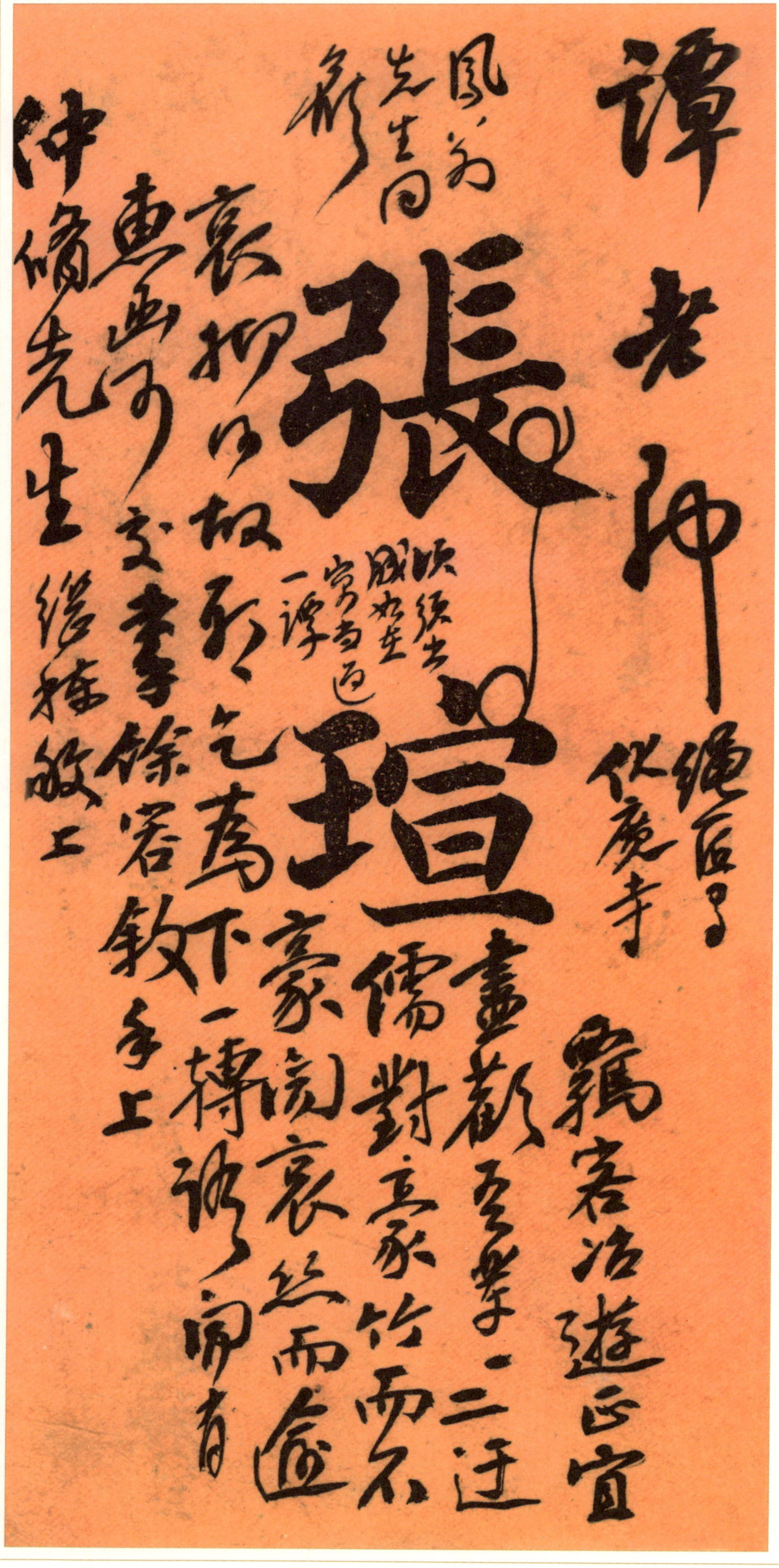

高毓彤　一通

葉衍蘭 三通

仲脩先生仁兄大人閣下：夙企鸞儀，未親麈教。瑯函乍至，無任依遲。敬維纂著日隆，祉祺震蔚，定符私頌。弟賦性迂疏，委懷蕭散，猶栽紅蕉影半窗，離秋樑漢，蛩吟不成聲響。前呈拙集，深愧東轝。仰蒙俯賜題評，僭加獎飾，愈增赧汗。惟喜駑駘鈍足，今始識途。欽佩之忱，寔深欣幸。奉束

香生几曉

玉此神采青紫扶挹
芝眉謹什襲珍藏以當欵矣
大著各種承並齋久兩次寄來詩文清滌欵遠音詞
則姜張之軌蓮中之選格律精嚴幽通迴環久
已欽遲在抱故敢以之人僅由歷閱
騷壇猥荷葑菲不遺
指之紕繆
一字之師情同受業
宣文錄藏永矢弗忘去年已寄付梓人現僅刻成上
卷謹將

香生几畹

賜啟敬悉。行旦心間以已衰，春昌昌由者者。

聲年年休不且棄置，姑仍依舊長係理尊邇。

友刪去剞劂，將竣乘利匠，易只不辦，落將就也。粵

中刻手工價雖廉，而就近寶甚，大約夏秋間始

能藏事，容再呈

友。芸翁之閣聯表謝，伏另錄，敬求

雅政。

湖天在望，心與俱來。手此鳴謝，祇請

道安，諸惟

霽照不備。

弟葉衍蘭頓首

孟夏望日

復堂先生有道辱示
瑤函藉悉渴悰和
動靜感宜年甚三字初重當
遲次
貴禪情感從梅同遲來撰并言剞劂告竣即當
教近來也
蔡集日隆叢書定有續刻蓬年而又增數許

賜讀答伏承湘經心
舉比好處
名山事業定不朽耶時事如此可落痛哭粵人
日居磨蔚中桃源安在何堪目
深鼻心地神溺千萬夜請
道安帳
照不備

弟葉衍蘭頓首
音廿五

復堂先生閣下:今春曾有寄家履函,夏間又有拙刻

八龍圖詠,本交星海代寄,諒邀

青覽。昨屢年未掌

璞示,窮甚悵悵,遂作

慕蕃日隆

興居迪吉。南皮移節

閣下兩湖,講席定必兼歸

宗徽,物華諒增佳豫。前聞晉省普傷,感感,幸天庇

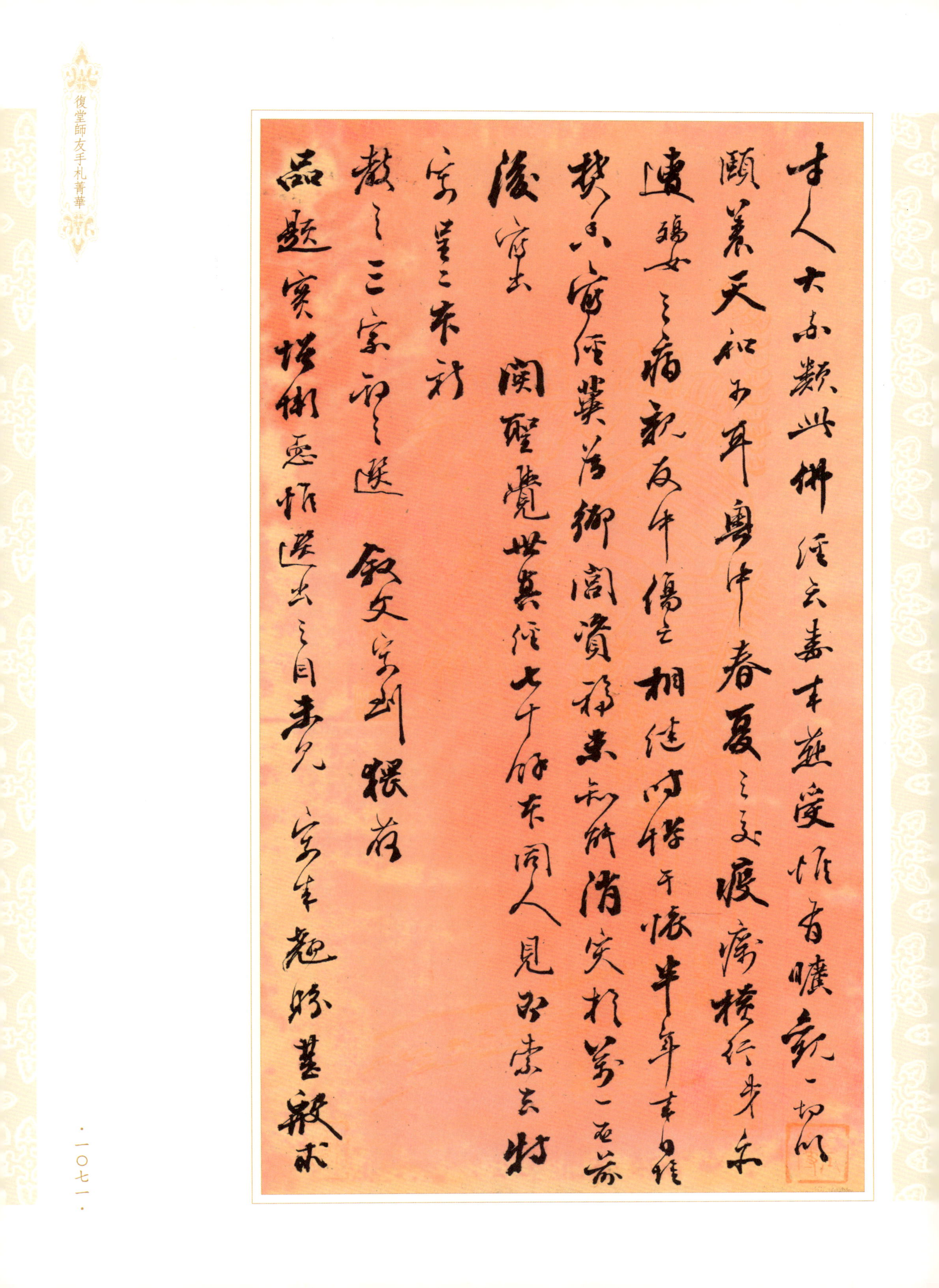

賜示[illegible]遊[illegible]禱[illegible]集內[illegible]次極[illegible]極題一紙[illegible]已達
到粵此前所[illegible]和刻[illegible]付梓工後當呈數千本以供分送
如歸入尊刻叢書內併[illegible]名附[illegible]深感也
[illegible]近年所續刻近來文[illegible]成許續二第冊二頁後如有
需之者賜示數篇以便飭人寄書冊二頁以前不必寄
示也歲暮天寒積懷成痗風便求
賜德音幸甚[illegible]手[illegible]祇請
道安[illegible]惟[illegible]不備
弟葉衍蘭頓首　嘉平[illegible]日

拙刻添刻[illegible]首呈
大教存一本[illegible]代送[illegible]齋

久未[illegible]奉書同[illegible]拈摺　[illegible]　代道念

薛福成小傳

薛福成字叔耘一字庸庵江蘇無錫人少負經世之志中同治六年江南鄉試副榜先是四年夏兩江總督曾國藩奉詔勦捻張榜郡縣招賢才福成上書言事規切之處多而不為頌諛國藩諭而歎曰吾此行得一學人延入幕府嘖譽隆起光緒元年下詔求賢福成上治平六策海防十議自是始定遣使駐外國之制有停止捐例之令有津貼京員之議有稽核州縣交代之新章而四川之裁撤夫馬局各省究未商墾禔及裁汰綠營添設新軍吉林黑龍江相繼派大臣練兵十年之間其大興革皆以福成此疏發之一時傳誦以為馬周陳言復出已而直隸總督李鴻章延為上佐於時局多所斡旋累保至道員十年授浙江寧紹台道會中法失和法水師大將孤拔率兵船擾我福建馬尾炮台船廠乘勝追敗于南洋援臺兵輪而不得逞遂擾於寧波相持四十餘日福成擊其兩船乃遁十五年擢湖南按察使旋授三品京堂充出使英法義比四國大臣議論侃侃以重國體持危扶傾旋晉大理寺卿都察院左副都御史二十年夏四月歸國抵上海感疾而卒年五十七自壯至老讀書從公日有常課著有庸盦文編續編外編共十卷海外文編四卷出使日記十六卷出使奏疏二卷出使公牘四卷庸盦筆記十卷皆刊行其為文章言措意切近的當而持之以條達疏暢如人人意中所欲出然工於辭而拙於書欹側不成體此札或自具草而書則必出記室也

薛福成 一通

仲脩先生同年執事僕始至浙東即聞士大夫藉﹅然稱
復堂之名不容口而同年中三數人尤盛道之以為汪容甫龔
定庵流也僕之企慕非一日矣客冬劉少塗兄來遠蒙
大集之貺發函伸紙如景星慶雲之驟接於目欣忭不能自已
時值歲晚得以簿領餘暇諷誦一周
董劉之文牧傅之詩晏周之詞兼能並擅卓絕一世曩游西泠
愛其風土之清淑山水之秀麗竊謂蘊奇鬱采必當有才士
興於今者及讀

大集典麗妍雅稱其山川蓋西湖靈秀之氣皆鍾於
執事矣江東獨步非
君其誰僕少更戎馬學無師承及從曾文正公游始得稍聞
緒論而文正公尤好士兼得與海内俊傑推襟講肄證言是非
然才不副志迄無所成就一行作吏此事遂廢慙負師友如何
可言惟年來更歷事變於中外之事嘗妄有所論述前者鎮海
之役籌兵防海稍費經營餅管之見隙穴之明曾刊有籌洋芻議
浙東籌防録兩書以就正當世茲特奉呈

左右維

閎達方雅匡言不逮有以教之方今時事多艱需才孔亟

執事文章政事上追兩京昔宰皖中治行焯著云何高尚拂衣歸

來今尚擬出山否抑遂息景松阿為遂初之賦耶率泐奉佈敬請

箸安伏希

亮詧不備

年愚弟薛福成頓首 正月二十二日

附呈浙東籌防錄一部籌洋芻議一冊

鄧濂 十二通

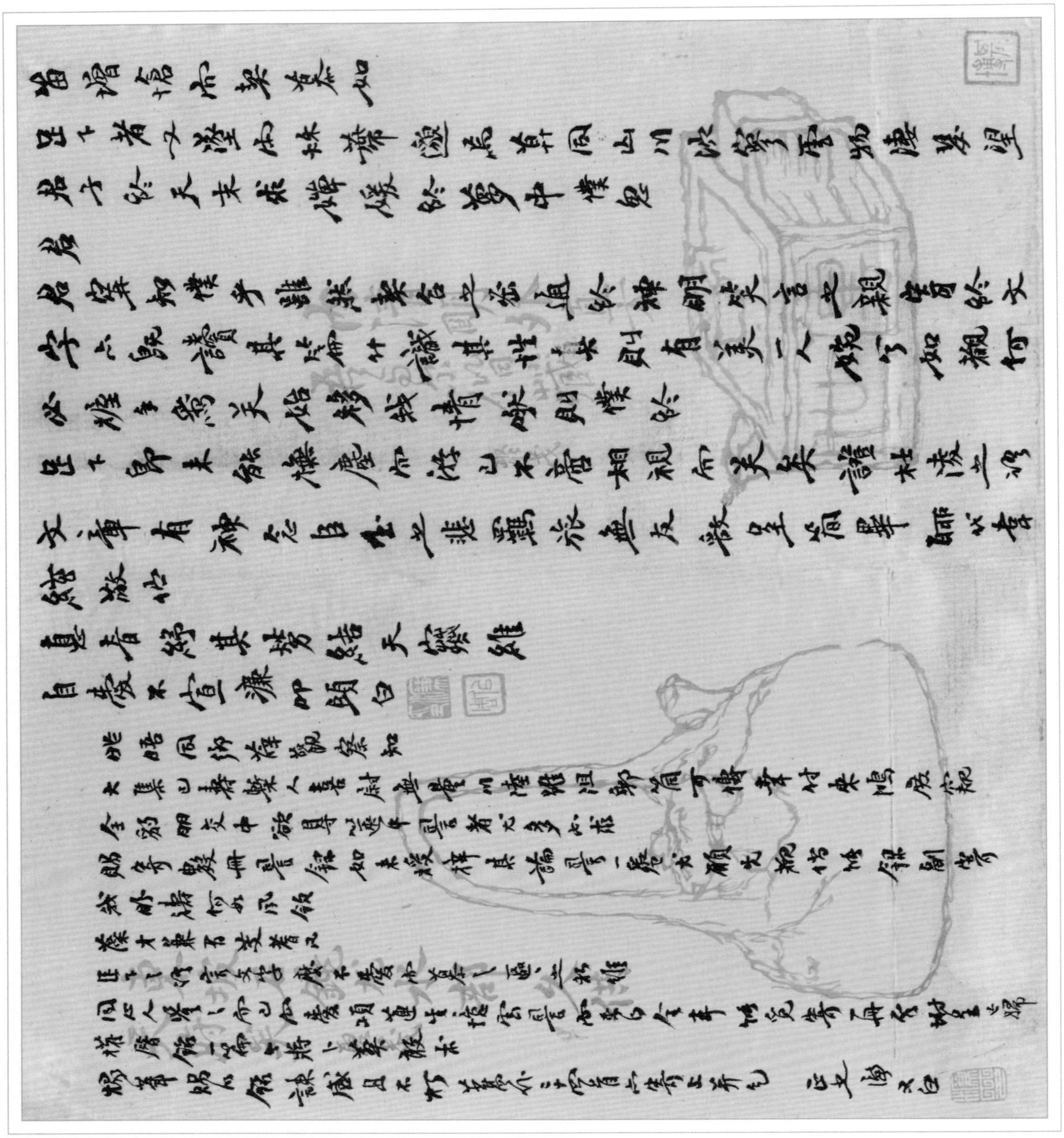

斷腸詞二十四首次海菴韻

覓遍蘅皋步屧塵斷腸時節可憐身荒唐楚客招山鬼憔悴陳王賦洛神原草綠迷金雁冷土花紅圻玉魚新憑君莫奏哀蟬曲落葉西風愁煞人

短短籬門小小溪翠禽三兩隔溪啼紗籠淺碧紋都換韈印殘紅跡已迷峽裏行雲愁曉莫溝中流水怨東西夕陽好片消魂地斑馬重來不忍嘶

繡幕珠簾各黯然羅襦鈿柱也成煙尋聲約畧聞珊佩入夢分明索寓錢青草荒陵人化蝗白楊古寺鬼啼鵑麻姑去後無消息海水何時更作田

繞遍長廊思不禁碧欄干外月初臨怕看孤影頻吹燭尚惜餘香戀擁衾翠枕難留將斷夢紅爐不煖已灰心昨宵鐙畔朦朧見彈衆顰妝怨尚深

寶鴨金猊青玉凫玲瓏榻子碧油糊春痕泥雨銷都盡倩影疑煙抱却無斑竹雕殘湘血斃紅蘭愁謝楚魂孤當年發想真癡絕願作蟬紗護雪膚

柳慵花彈意昏昏小極還來伴酒尊指甲紅纖黏更落腕闌翠冷握猶溫偶然觸撥都成恨不待思量已斷魂便使玉簫逢再世此生哀怨總難論

金鼎誰燒蘇合香洞房聞煞紫鴛央纖容依約思徧杳夢語迷離記更忘乍捲簾時風細細斷無人處月荒荒綠苔生閣塵凝榭第一傷心是謝郎

典盡春衣為買山綠雲深處葬螺鬟紅簫有幸占佳壠翠盌無由覓市寰曉鏡離鸞終古恨夜臺化鶴幾時還誰憐舊日青驄客慟哭秋原夕照間

夜來風雨幾曾停只許愁人獨自聽蠟炬燒殘猶有淚金輪咒斷竟無靈鴛鴦替結三生願螺墨閒鈔百悔經淒絕

鬢絲禪榻畔一琉璃火澹于星
紅欠一枕淚痕濃翠被文鴛溼幾重粉簡那堪尋指印纖
毫曾與點眉峯敲殘紫玉釵雙股寫膩繚綾字半封一檢
遺篋一惆悵夜寒愁壓繡夫容
路隔蓬山幾萬程銀河縹緲憶吹笙浪游應尚憐交甫幽
夢何曾覲智瓊千里稠桑誰借問一燈方丈若為情裊煙
別後知無恙可肯傳書報玉京
猶記盈盈步玉堦豔情索賦縷金鞵倦妝妮我攏頺髻袄
讖嗔人問斷釵芳草詞工和泪唱香桃骨瘦共愁埋當時
照影橫塘水寂寞秋蘭尚被涯
瑤琴塵冷十三徽羽換宮移事事非寶鏡空留鸞影在壞
裙都化蝶灰飛奩中墨暈新題字篋裏紅銷舊嫁衣今夜
月明金井冷珊珊刻鞿可能歸
尋常小別淚難乾點點猩痕污素紈癡語卻為今日讖虛
幃還當在時看卻頭無復燈前影呵手誰分袖底寒絕憶
秋宵厭禳處自修黃籙禮齋壇
儂最多情佛最慈而今何計護瓗枝緣猶未了身先盡生
本無聊死已遲碧草獨尋人去後紅鸚還說嫁來時棠梨
萬點相思血滴入重泉總不知
畫眉窗下暗低徊零落遺香滿玉臺繐帳拚教終夜守檀
龕忍向忌辰開風淒別樹蟬初去花鎖重樓燕不來記得
曉妝親點額至今空惜壽陽梅
閒來擁鼻對花叢和我新詩句句工唾點着衣都化碧齒
痕切臂尚留紅明明合眼人如在忽忽回頭影已空一樹
海棠親手植任他開落粉牆東
夢雨愁雲幾暮朝誰彈湘瑟理秦簫畫圖影在渾難識環
佩魂歸可待招燈暈低迷金麥穗簾聲閒蕩玉葱條寶唬

珠唾無人惜贏得香塵漬絳綃

半臂猶留淺碧綾拋殘鬢棗與妝菱同心悔鑄綢繆印繫

命偏無究轉繩豈有消摩能愈疾翻用杜蘭香語 但知解脫便飛

昇十年誑我紅蕤夢是夢原來不可憑

漫設羅幬拂翦阿見楚詞招魂 一聲楚些恨偏多埋憂祇願依

青冢積淚應教化絳河卻月怕拈眉史筆隔花愁聽膽孃

歌夫容一夜都搖落空向秋江哭逝波

西風獨夜攬征袍秋色蒼茫上鬢毛故物猶存青玉案新

聲忍掐紫檀槽九原誰與傳瑲札千里曾煩寄錯刀記得

歸時深尉藉拔釵沽酒興偏豪

衰柳寒煙滿陌頭風光還似昔年不驚霜斷雁頹毛羽拜

月妖狐舞髑髏鬼火淒迷黃葉寺人家冷落白蘋洲重來

一望堪腸斷誰勸蕭郎莫倚樓

虛堂寂歷似荒菴瘦鶴伶俜不可驂絕代銷魂人已去百

年多病我何堪生涯辛苦尋巢燕心事纏綿作繭蠶錦瑟

一篇原有託後來誰識李樊南

翠幄淒涼對夕曛更攜桂醑弔湘君香名鸚母猶能喚斷

牒鴛央合共焚小草本來甘獨活孤禽何用怨離羣此身

願化相思樹歲歲輕陰護短墳

自悼亡以來質々已四載矣向來譾陋從以悲哀

未嘗有詩遣友人示以斷腸詩二十四章愛彼射

雉鸐戕蘆盛丝脂弄墨你安緜々嗟乎賦

成庾信祇合傷心才盡江淹偏工言恨音調淒

厲思意繁亂又不特永逝之哀也一絲一核誰

鴛錦瑟之箋無對無隱願乞玉臺之序

復堂先生左右 濂白

仲儀先生有道：有書義篤而情摯，溫伯雪子妙見
其人賤貧羈旅蒦悴之身，為世所屏棄久矣，如
先生者繫未相見，而已一書之達，即殷勤而尉藉之至
於如此，雖
君子之過情，而吾之懷益不能一日已釋矣。自十年已來，官
學四方，所與游者亦皆一時彥碩，而知己所企慕者無過
三四人，而此三四人者近且蕭落殆盡，獨即身去，輒悄
然有獻夫之悲。不圖蕭寥寂漠之中，又得交于
仲儀也。相知恨晚，又相隔數百里，會合不可已期，每中
夜念及，顧景裴徊，偏美向化，妻孥怪詫，莫知其
然、則區、之心非乎
仲儀又誰可告語哉。大集及篋中舊作俱奉到，珍
荷、其時適值歲晚，塵務叢集，未暇卒業也。及過
人日，乃得屏廢百事，專心其間。古今體詩及樂府輓答，
所見者尤卓絕，風骨之旨，金石之聲，杜古人中亦不多遘。
文則淵懿高華，茂直追漢京，蓋黃劉之亞匹矣。由道
咸已來，論文者多主張桐城，自三巨子為之倡，海內學
者靡然從之，其宗派之正，體要之嚴，誠無可議。然
學者固於其中，知其正而不知其變，其弊也多矣。
之弱而總其樂者，歸其鴻博藻豔之才，已然無所

已暑錄一書盍先刊行遺編學子庚移時乃致力敘久日東
禎暇正欲整理舊作上乘
清操而韓觀察言
先生晉省將有皖行云身之甚病年之日不知果確否具
先復時寄杭寓候錄成再寄
先生幸必為我序之憶雲暑盛本卷帙無多可先付
之剞劂寄我一讀莊中白久負其名恨未見遺
書蕭落故人收之其周易通義聞有傳本能令
惠寄否許邁孫才氣豪邁暑客秦淮與晤否
知其人否
先生之言作書通問乎
轉致之山川悄阻合并何期梧棲作此聊敘無盡情
還譯日尉相思伏維
起居萬福
鄧濂叩頭
再
足下皖行如取道滬上幸先期寄知弟未往北尚
可以輪舟來一圖良覿自后遞通書由何處遞寄
亦望示及

仲脩先生有道：昔自瀛來，惠書並貺仲紙，懽
喜無量。惠蘇管之見何言。此耘兮使一函早以達矣，謝及萬孫冊馬
是否仍寄穆謝幕中傳衍 示知爲荷
闔維遠處，乃蒙心許，有如自戚。維君山之於班嗣、子休
之於惠施，何以過此。三復十過，愧感交深。藉承
先生謙撝，鄉園頤情，園史蟬蛻，塵表含信，激服
勉旨。
元亭論般春暮，寧講院樓肩拓落無狀，重以妹試
伊邇，帖括堆案，年餘朱墨，目迷丹黃，體復畏暑，殉
差聞作此，長卿之消渴，甚于雲之顛眩，以此集捧蒸益
荒落如何如何。頃子雅墨莊生易義，承
允惠我先觀，為快甫上。新刻寶綸堂集，尚不甚易，茲以一
部奉呈清賞。林居林夏，新吟定多，何當
郵示，尉其渴慕。榆園報書，乘為轉交。古詩一章，聊博
一哂。蚊雷四起，不能多書。即頌
珍肖，無任馳戀。 澍白 十八日燈下三鼓

復堂先生左右：昧聞奉書，藉承
勤𢘿。賜寄各集，俱拜登。易義賅鷄家解，而文筆淵
懿，雖近匠鑑。古樂府詞，爲奇作。其論詩宗旨，固與
復堂大略相同，然功力之深，與神味之雋永，則不如矣。
復堂遠甚。長短句，然杜七無己，不可多覯，逸才之目，固不愧也。承
示將纂篋衍集，甚盛哉！朝選家林林，若錢之吾炙，陳之國雅，施
之藏山，葉之獻賞，惜皆不傳。傳者推感舊、篋衍二集，而王選似勝
於陳。厥後沈之別裁，王之詩傳，近人之正雅，俱窠臼太重，無足觀者。
先生揚抑百代，自正法眼藏，此選告成，必多度越是囊者矣。拙稾無
可觀采，既承 盛意，稍纂多錄副奉呈
教。尚有 尊選匧中詞，爲詞選中最善之本。續詞能識，不啻
重並爲之，特網羅別集，殊非易易。朋之與 君獨包之，妙有所以郎[illegible]

寄奉也。鄦意刊成後，當更精校一過，如渺通跋玉樓春一闋早鳥嗁起餘蟥
蒿庵又刻花間、陽春、尊前、草堂，此必誤刊，幸校正之。憶雲殘編如有寫入者
求惠寄一讀。許君之常熟曲江十種已否錄上，敢懇你見時
代致拳拳。先寄蓬浦文集，屬人每以戴氏盜竊謝山傳為口實，
且謂戴氏水經皆取諸全氏，於志乘中大書特書，此亦一大疑案，而全之意
頗不謂然，敢以質諸
大雅。近薛薇察謀刻全氏七校水經，年內可以
成書，竣當寄奉。其自著廉庵文編，云已寄贈
左右矣。浙於鄉先正秦澹如獨有知己之感，近謀集資刻四貴遺書，日內秦公子謹刻未成，殆望為圓之
即可告竣。其集甚佳，
大雅校定，似不可無一言表之，並肯之文為候。
楊華並求於年內寄下，俾付之工。與楊制軍一序，鄦意不能刻入也。近有如有
新撰著，示寫示之，盼切盼切。勒泉謝屬捧函博，代呈思
先生不置。楮沫恃此，餘事一一，多謝。天寒伏維
自愛。弟潘叩頓上 廿七日

復堂先生有道：久不見
顏色，積思成痗。肩由布洛處奉到
大教暨並篋中書四冊，敬聆壹是。
先生蹤跡家術，微情墳籍，名山之業，蔚然可觀。
開服之餘，委心無量，頭佛處蓬纍，日益支離，隳
耳久聾，須髮亦有八九白者，顏廣如此，豈復有進
取之志？惟試萬舉，少俊棄舉，已衣五十老寡女，
更復裹香擅澤，與小兒女爭妍，可恥亦可笑矣。

昇先誠不足道，肰学此殊莫不落風塵，瑟庶幾
琴自覺百感交集，亦不自知其所以肰也。所幸者
函使師堆襟送亮，契愛逾恒，文字之間，尤極神
契，以此自謝，羞勝羈於。倘不以朽鈍棄之，固願依
師門終老矣。月內當須四畀八萬兒之授室，女完即
諸十一兄處，求糧益貴，食指益繁，來日大難，殊可
慮也。肰向許石時相過從，每与清談，輒忘
先生不置須於

大著復堂類集無一字不細讀，服佩甚已，數四過

神往。於暑錄一書何不早付剞劂氏，肯在泖石見

先生詩集日記俱有續刊，若以有餘種，乞

惠我一二冊。暑錄有清本歟？思如

先生刻之，未知能續此願否？若棄，便擇郵布

專此敬請

道安，伏希

亮詧

頤盦弟鄭浚首

寄鄂令君 八月初作 錄呈

荆川習禮高槐下 唐僉都順之嘗講學蒙水書院 金都宰民知之徙於王畿我氏 孫策迎

家大道邊 孫桓王在曆陽未渡江時嘗徙母阜陵 後入曲阿始遣將陳寶詣阜陵迎母 葵蓓如

君猶罷倦支離笑我轂黃間葉村為條奉毛

羽入世從慈越澹時鐵鄰倘同淵外為平

委何事託庸軒嶽吟一勒南岡石 南宮有水石之

使君何不一游遊從條仙苑賢樓 下仙苑二大字 澤官為篤

人勝 此紹同

步 但使人生金不好何須遠向蹲鳴

臨書

且食蛤蜊 伯和寫

賤體畏暑殊甚，重以痾足不利言趨，咫尺天涯，徒自悵耳。昨日一詩聊當

感意，倘有

新著，幸

賜讀。二保自精法，頗攀蒲孫，於過爲未往

篇意殊歉，然若有一律以奧之。

猶將事也，精深未言。趙譚一切，此上

復堂先生閣席　謹叩頌

行行江上折芳馨，流水無心合楚萍。同是僑游還作客，未忘結習且譚經。蒼茫萬事催頭白，商略千秋託汗青。此外山川奇絕處，卜鄰願傍子雲亭。

小詩奉酬

復堂先生郢正

鄞汝 鄭傳呈稾

復堂先生有道：鄂渚爲別，屢易暄凉。翹首乎亭，靡時不着。肯着知錦颿過吳，亟出金閶門奉訪，而繞序寵贈圖則。青舲舟着，煙水迷茫，悵肰而返。朱明直序起居何如？伏想神明益茂，著述當甚佳。妹蔵初堇可

錦旋西時能近衛吳八爲午原十日之餞
不能甚甚陳蒙葉吳楚所遇多窮悲憂
絕游藝不復出藝甚書合將十年短
叢殘廢卷嘯詠詩錄肯年琴原師皆儲
來吳始之下幕師弟之誼未容固辭庸直
十金藉資賃廡近歷落莫不堪爲
先生告也㩻啓請石時相過以譚宴之娛輒
不禁神往

左右婆娑碧續刊集、府竟地益高，不佞曾竊借廣嶒彼盃酒澆我塊壘，可一洗也。年來大箸詩文日記遂中書，聞尚有續刻著，亟欲一讀，希即惠寄數冊。陶子縝詩集聞也刻於鄂中，望為易得，亦求覓寄一冊。能壽、須在崑山訪諸十一，連日談藝頗樂，披襟相對，清風颯然，同念先生不置。前鐙代此，暑埽所悵。敬頌起居曼福。鄧從叩頭

惠書請寄山縣僦署中，或徑寄蘇城道街前徽寓亦妥。

燕去何年塵幙澼冷巢痕穿窗都換鏡奩人非弯肯夢斷那記芳時早晚只有如眉月尚貼畫眉西畔被梅文鴛香銷睡鳥柱淒銀雁細數肯塵都是惺況絲病怎生消遣逝水年華飛蓬身世卻為誰留戀自東風吹淚去蓬萊水而今又湍注作天涯雨瀟瀟珠簾莫卷　氐州第一奉和

復堂詞長原韻即請

炳也顛盦鄧濂倚聲

摸魚兒　用稼軒均

聽聲聲鷓鴣唬雨，斑騅江上休去。綠陰換盡天涯樹，忍把華年重數。君且住。看門外關山何處非歧路。紅襟寄語。奈說盡飄蕭，春風不管，身世逐飛絮。　蛾眉好，翻使嬋娟耽誤。東鄰莫更相妒。金徽本是無情物，一點琴心誰訴。翹裏舞拍瑤佩珊珊，容易淹塵土。相思寂苦。便結就同心，西陵松柏，也是可憐處。

右題

復堂填詞圖，即請

仲儀詞長柏正

與盦鄧濂初稾

沈鎔經　一通

懷人江上正秋高，寄我吟箋序薛濤。雙鬢近來漸衰老，一官何日息塵勞。地非繁劇官成嬾，人到中年事不豪。西北杞憂方未艾，風騷臣下昕宵頻搔。懷人一律奉和

仲修仁兄同年大人見賜元韻

鎔經呈稿

瞿廷韶　一通

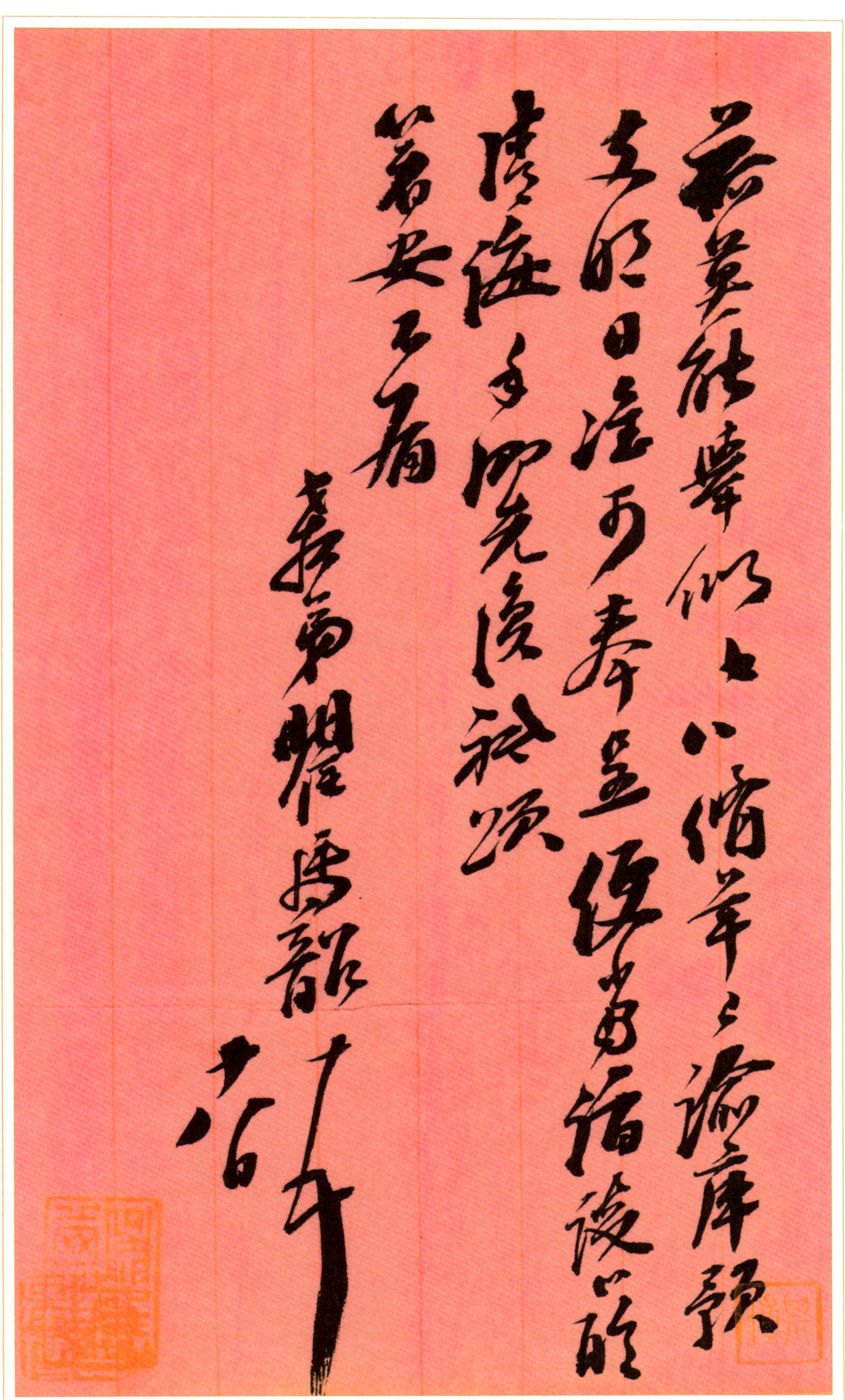

莊蘊寬

一通

仲脩老伯大人尊鑒：蘊寬髫丱隨侍閩中，側聞先子与周丈季況時、縱譚儕輩問學，輒推長者以為曠世罕儔，寬心識之不敢忘。比覲閩旋里，竊檢先人遺篋，得手翰累牘，因肅悉兩世交契，謹手裝成帙，以誌景仰。迨戊子冬游浙，於楊表姊壻邗阿許，聞長者已謝官歸，因亟造謁，奉承

辟咡誨言諄摯蘇君流涕之戒劉公泫然之矜頷爾

諸孤不圖遇

盛誼於此日自恨學術弇陋邅迴終歷勿敢妄有陳說

而私心嚮進至今如一日也瀕行蒙

貺大集奉為枕秘時復展誦如侍

謦欬浣彼塵寰濤具靈襟私淑所存無間親炙客歲

省闈報罷以粵中戚故之約航海南渡客韶州之樂昌

歲且一周讀昌黎瀧吏之詩諷曲江感遇之作牋記涸
穢學殖益荒初夏得二兄函敬審
長者主講漢上薰陶楚材
道履冲和
述造閎懿二兄以鄂渚寄食常近
德儀寬獨遠阻重溟奮飛靡自雲天在望悠悠思
伏承

長者惓懷故人軫念孫子撰次先府君行誼附名集中
風義之高感且不朽並以溢寬之名游揚朋輩為謀
仁粟俾以奉親寬違侍三年自愧塵狀恒用悚昃
殘敢久延頑於數千里外重辱
齒牙餘論非特孺子之幸且以慰九京之心輒思肅启
馳謝藉叩
興居迺頻削赫蹏年叟縮而未敢上曾於家書中

乞二兄涵宥不審膏塵

清聽否端守張君於十月到官旋即折簡相招適

寬昌山居停瓜代巳屆遂於冬至節後俶裝適館

以匡年初涉藝文之歲屆

孔公逾分獎假之言幸得授餐足紓

勤注維寬自成童而孤即負笈於外章句之讀且未

能悉既復困於郡縣試者五年一意講求時藝凡

嘗讀之書室究之學書如焉比獲長沙王師澂賞
許其不俗始惴然有慕古之志迺歸敝廬檢手澤之
存者比而葺之竊痛先子單精掇拾三十年僅貽
極書而子不能讀知讀矣又迫於凍餒皇皇為甘旨
之謀終歲抗塵逢梗靡定蓋已 慈侍睽隔晨昏繫
懷維壓線餘閒堪伏几案而無一馳念魂与雲飛樹
背思諼著焉難釋 坐是攖其志慮不獲寸進間嘗

求一二同志共證賞析亦復斐然思奮徘徊中宵牟
之識籌是求適滋瞀眩知無稗已伏念
長者與先世論交垂四十載吾 祖丁亂離而損壽
吾文以刻苦而傷年跡其立身不閒時論甯致
不肖籌而靳其澤耶
教而植之提而挈之是不能無望於
長者矣寬秋賦三黜雖慮未及壯然科目之事已落

於懷嘗疑居今之學与稽古之學其道猶遲徑也
依違兩端必勘一當矧窮達有命糊名易書之事
似無藉隨世俗爭佔畢帖括之功顧如寬之咫見淺
聞大言不慙將益為時輩所冷齒
長者巋然負海內經師人師之望倘以故舊之誼懸其
羈孤
示之準繩端此趨嚮幸甚幸甚

大集攜置行篋同好索觀者實繁咸再三屬寬轉
一悵如何
垂許可否請子鍾尤稍檢數部郵交舍間或亦
啓迪之心所不吝敢即援
長者天下無私書之說為請同里吳君翊寅朴學家邃古
尤那隮
大著歎為絕詣舊冬共來嶺表館於廣雅書局以暇

日輯錄鄉先喆駢製二十餘弓屠孝廉寄賡續附
益梫棨已竟嗣當郵塵
閱覽叙文一首屬求
點定吳君詩學樊榭詞學頻伽寬以其欽挹素深
勸付鈔胥彙寫就正而吳君再辭以爲
宗匠之門未可造次
長者夙殷宏奬知必有以誘之矣臨楮懸悚待乘勿

彰肅請

道安叟頌

杖福 世小姪莊蘊寬謹上 嘉平初九

于鍾世兄同候飫聞

庭誥當勝寬等十倍矣

錢恂　二通

仲脩年伯大人鈞座：辭别

崇暉，倏逾二月，下忱馳仰，積日愈深。祇惟

杖履延龢，

潭第納福，至以爲頌。姪自九月十三日辭家就道，硤下、禾中、浦濱，

處處句留。十月初吉，復履甬上、吴門，曾連馳稟，而未得復諭，至念

至盼。未知

又處有無遞至也？竹貧師允爲馳書域外，然計洪星使未必允

招，即招矣，又代憲孤容，無吾人遠行人之苦，即去矣，又代憲洪使受

代後無人奏留則前功盡棄師之為弟謀者周矣至矣又鑒姪有難
言之隱允明春為先容於合肥不合則再干小侯冀覲若農學士東
作旗野先生替人
行之介師意真摯感激無已而姪自揣才學不足以動人又運屯莫
遇度必不成而甯上又安能替替耶
長者之前不知其詞之率爾尚求
鑒恕前擬表序茲又大加改易繕呈
併遵指併合數表
鈞誨諸表已付手民寫樣待序而成意欲求
長者俯賜指摘俾不大謬而又私冀得於數日之內是則欲言而

未敢者也此表之刊自知太驟然寓官難遇又值昇姑爲此以代繕計值將及百千（因字多之故）居停欣然助資十洋亦可感也薛年丈或亦可望慨助無資爲此

長者能無責其冒昧否客自天津来者言伯相十月初忽類風病口斜頭眩不能理事暫由姑大人代治一切豐潤動輒握大權如此北管勝任之人亦用隱憲耳專肅上啟

福安乞

恕不莊

子鍾
子劉哥均念

年家子錢恂謹上　初九日

仲脩年伯大人座下開歲以來未將箋敬引詹
德曜昌馨馳恍臘杪曾上一緘嗣晤杭友敬聞
新移府第亦知局遷參差否 姪於臘杪正初又兩得粵電促行
並言聞令尊不願談洋務即延校經史諒可見允云云 姪思此事必
不克成亦未稟知堂上許竹篔師上月赴粵 姪期於申浦一謁師出
容齋函見示以為日無多恐後人未必允留於 姪無益為謝於他處亦
言恐無把握惟以不能南行為惜耳 姪送師登輪即回吳省親數
日句留仍即回甬二月中旬隨薛叔耘年丈入都安圖機會名應北

聞實志馳西域也知
闗廑注用敢上陳綜覈類要刊板已成謹呈樣本二部伏求
垂覽續當再呈數冊也月内如有
賜函仍發南署爲感南館庖代有人北行剌湯仍可伏處亦
一退步
長者以爲何如專肅布啟
崇安伏祈
賜答不宣

年愚姪錢恂謹上 初六

汪知非 一通

夫子大人尊座久不通音問殊深孺慕敬維
杖履納福
潭第迎祥以欣以慰非今夏又遭 家大人見背祖老弟幼孤苦
零丁難必以筆達嗚呼世人欲殺何地堪容人不憐才有天莫
訴命誠如此夫復何言前月高子韶表叔來舍談及
夫子右臂不良想已全痊特奉上詩賦十紙伏維
賜鑒有餘杭章枚叔表叔名炳麟素慕
夫子重名願列門墻不敢昧然自荐囑非先容想來者必不

拒也附上古文四篇乞
垂鑒近日校杭董浦先生三國志補註內有引洛陽宮殿簿曰
淩雲臺方四丈高五尺查原本亦然豈有濶四丈之臺而僅
高五尺者況漢尺至今尺七寸故不敢信又引吳地記曰華亭
通元寺吳大帝孫權吳夫人舍宅置查吳志並無吳夫人豈另有所
本耶又諸葛亮傳引說寶曰說寶並無是書或是干寶之誤
然書中皆稱書名未有單稱人姓名者當如何校正又唐書
牛李二傳悉怛謀以維州來降司馬光以牛為善夫牛僧儒

懦夫也以和字横於胸中畏吐番如虎烏敢犯之司馬光斤斤於以往事爲則不知權變夫當之時吐番之勢已衰所以比來修好約罷兵戎况維州吐蕃之咽喉德宗時韋皐屢攻不克吐番以悉怛謀守之則悉怛謀必吐番大將知可知是悉怛謀來降正天啟唐之疆宇也苟能用李德裕之謀定可直擣腹心一洗數年之恥何必據小信而敗大事也竊謂胡寅之説見解頗正敢以質之爾此敬請

金安

受業制汪知非叩上 九月十四日

章炳麟　一通

夫子大人函丈：滬濱捧別，神氣惘然。抵鄂後未奉手札，想履道貞吉，吐言為經，定符私頌。麟自與梁、麥諸子相遇，論及學派，輒如冰炭。仲華亦假館滬上，每有論議，常與康學牴牾，惜其才氣太弱，學識未富，失據敗績，時亦有之。卓如門人梁作霖者，至斥以陋儒，詆以狗曲（面斥之云狗狗）。麟雖未遭謑詢，亦不遠于轅固之遇黄生。康黨諸大賢，以長素為教皇，又目為南海聖人，謂不及十年，當有符命。其人目光炯炯，如巖下電。此病狂語，不值一吷，而好之者乃如蛣蜣轉丸。

則不得不大聲疾呼直攻其安嘗謂鄧析少正卯盧杞呂惠卿輩咄此康鄙皆未能為之奴隸若鍾伯敬李卓吾狂悖恣肆造言不經乃榛真似之私議及此屬垣漏言康黨衛次骨矣會譚復笙來自江南以卓如文比賈生以麟文比相如未偁麥君麥枝忌甚三月十三日康黨麕至攘臂大鬨梁作霖復欲往毆仲華昌言于眾曰昔在粵中有某孝廉詆諆康氏于廣坐毆之今復毆彼二人者足以自信其學矣噫嘻長素有是數子其果如仲尼得由惡言不

入于耶穌與仲華先後歸杭州避蠱毒也新學僞經考
前已有駁議數十條近杜門謝客將次第續成之墨子閒
詁新義紛綸仍能平實近世奇作麟頃已購一通前擕
至鄂中者望將書價徑寄報館可也每部二圓二角浙中風氣未
開學堂雖設入以兒戲視之老儒嚄唶少年佻達溺于
雕蟲不可振起其耶後許實尟其入鄂中地大物博求友
稍易有可寄寓俛求引薦爲幸握管煩懣中心成痗
肅此慈請道安即祈 玄鑒

受業制 章炳麟敬上 三月十九

三多　十三通

二十八日譚仲修高白東雨先生招同楊丈雪漁俞丈小甫

楊丈古醞暨王梦薇師集豁盧看牡丹即席賦謝

豁盧主人明道行風月佳時開宴常復堂（仲修先生所居堂名）先生百世士

清興忽發同啟觴風流不落南湖後要領春光牡丹芳劈錦戔爭

招少長鯫生忝列游揚竹閒水際開雅會吟裾拂拂沾天香一

花一種具一色不數魏紫兼姚黃綠者花翻綠蝴蝶紅者蕊綻紅

玉房黑有崑崙白晶毬花花葉葉皆相當一翁忽撫花枝笑清平

調擬追楚狂（謂小甫丈）一翁花裏忽起舞豔歌欲續白侍郎（謂古醞丈）一翁

臨花採綵筆欲寄朝雲書幾行謂雪漁丈一翁對花調燕支想為花傳
八寶妝謂夢薇師可憐四絶萃花下更看酬唱長吟長愧我苦呻不成
句徒勞搜索窮枯腸倘畀朱欄零落片酥煎飽啖當春糧俾得洞
胸儲錦繡或堪高咏瓊瑤章
錄呈
仲修先生大詞宗
誨政
晚學三多初稿

夫子大人函丈 古愚往返相左令題

吏隱圖已脫稿先塵

誨政目名占如林未敢率爾佛頭着

糞也恭叩

頭安伏乞

慈鑒 受業三多謹狀

念奴嬌　題吏隱著書圖

功名富貴稱心而得無如文字大隱湖山佳趣霧笑遥風塵裏刺松菊田園梅花世界展卷當前是衙齋人靜中興間見頻紀（先生所居曰紀中興之堂）消盡燭影幢幢鑪香裊裊燈烏皮几不把風流追小宋却傲窮愁虞子餘了裁紅闌情刻翠一樣腰肢細鸛徵何日填詞同奉恩旨（多有粉雲盦填詞圖）

錄呈

夫子大人誨正　受業三多擬定稿

夫子大人函丈日前顧滌香大令聞已來見

想會晤過也茲有京旂同鄉楊芷姓漢

軍人由翰林改官到杭在湖北即仰我

師大名欲得一見

顏色爲快願我

師進而教之恭敬

壽安並頌

潭祉

受業三多頓首

重遊洽相寺
遊山如理書一度一回新提經挾卷豈不念
昔曾過目歲昔今不殊朋侶樵釣牧放浪永餘
歡幽問真並富洗愁泉挾腸滯步磴迂足半
見山忽窮山樓寺相伏僧寮參差禪窗歷襲
檀馥富賢富風學清貞今已鞠給紅堂古楓
奇翠潛喬木好景因時移雄心隨處縮長吁
低夕陽高唱應空谷此地可誅茅結鄰歆辟
穀況嘗水豆茶尚愧容食肉歸去拂素塵念
符且再讀

喜廖應蘭先生重至即次感事韻
昔局那堪問登壇且說詩別君三載闊出我
一頭遲欲訪赤松子忽逢黃石師莫年休鑄
錯霜鬢斷巖枝
天下忽多故描愁述杜詩兵戎疲國久富貴
逼臣遲於望猶屯馬征西又撫師起揮鞭如

意蝗雀墜跳枝
楊古醞丈雪後登吳山呂祖來和韻
練雲升笠屐縱目暢祖翁獨世愁為水袪歷
不讓風中原今日淨大塊夕陽紅騋馬真
同鳳吟鞭且劈空
恭錄近詩遙呈
夫子大人
誨正
受業三多

夫子大人主講鄂州書院行有日矣賦此敬送並求

誨政

杏花春雨候夫子轉離鄉一笑幾千里高吟三百章

江山迎杖履桃李復門牆我反勞翹首文星炳武昌

久拔詞壇幟翁肩拍紫霞錢塘新卜宅（師新遷居）鄂渚又

浮查鎮侍傳經席須驅問字車迢遙從得否隨看

郢都花

受業三多拜稿

摸魚兒　題中可純飛館填詞圖

看徐公吟羅纖綺少年誰出其右添些惜玉憐香習

腸也有來那繡濃羨久衛或則身兒是那伽陵後飛

揚竟文會調衍青蓮聲俞白石說甚夢窗要　風

流穀檀板金尊兼有四圓雪好時候寄意一縷哥邊

繞真箇不曾錯否猜不透恁刻骨相思宛似裁紅

豆嬰嗔燕呪敲看取詩神許多亦地腰為什麼平瘦

洞儒哥書　褒

封侯浸望撒拏雲雙手聊向苔肯捻紅豆換豪
爽命甘運爭時耶都休問昇作司尺亦穀不
爭姜后帝不替蘇辛不學黃九與秦七獨立妙
鬘天王悅珠娛只一笛隨身消瘦請試看風月好
歡場肯幾箇清儂者服戒就

踏莎行　闌干

雪蕩輕憑春葱細擱覓詩敲比紅牙脆周遮不住
是姮娥瞞人先占肯宵住

湘林簾邊海棠箋裡

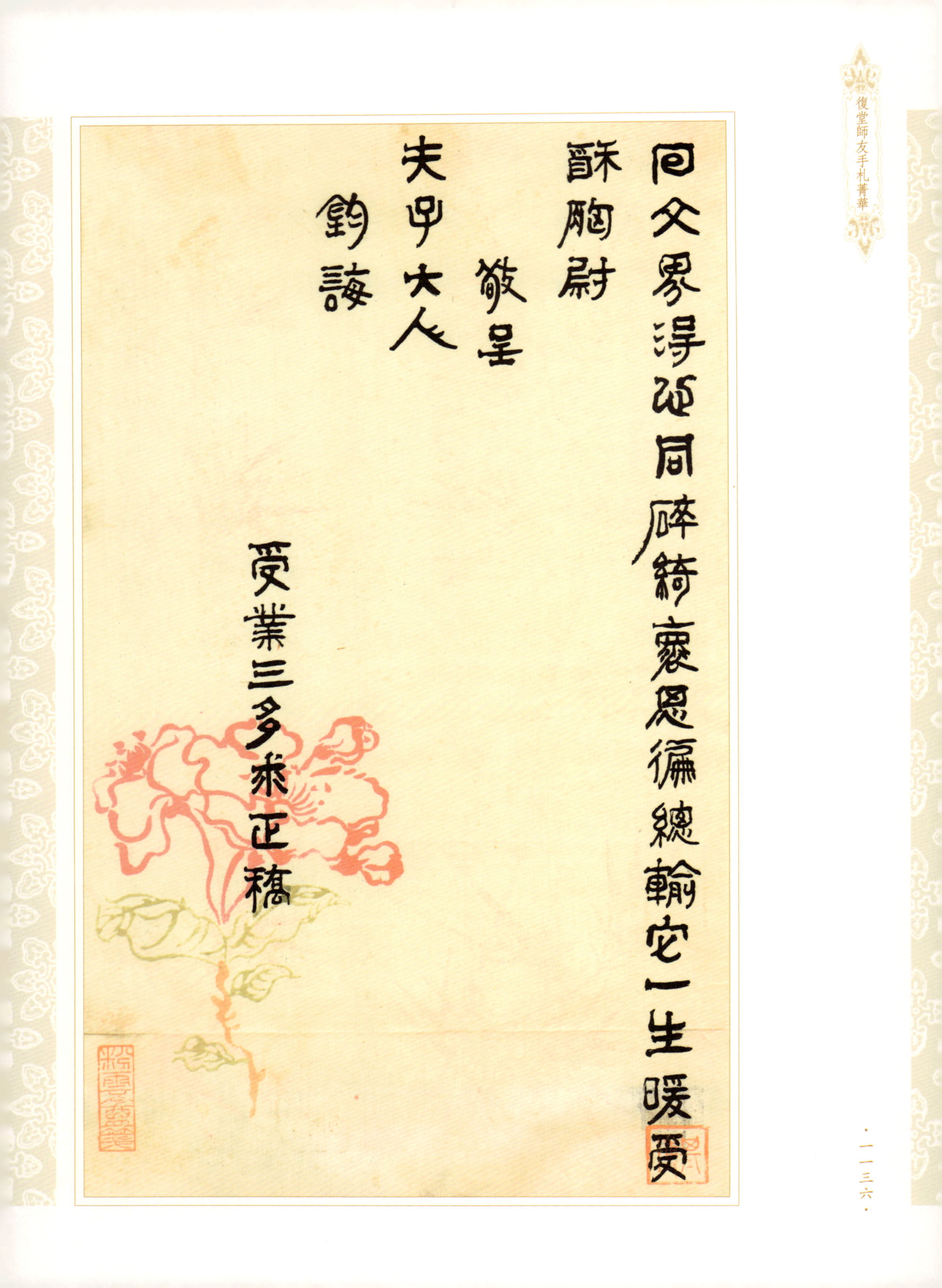

回文累浮延同辟綺褒恩徧總輸它一生暖受

酥胸尉

敬呈

夫子大人

鈞誨

受業三多求正稿

咨送京師大學堂肄業敬呈
夫子大人　鈞誨
角智爭雄五大州自强各爲　至尊謀官閑
久愧登高祿每健何妨事壯游保教請殷甘
占士報　恩空重薄封矦滔滔洪水安能濟
終勝觀天切杞憂　十年輪銕杳京華舊
識公矦半種可仁勇我師楊萬里治安誰是
賈長沙讀書無用都爲福學劍雖成未足夸
散髮肆來堪理釣一湖風月萬株箏　受業三多

壽散之先生七十

公本神仙尉，吟眸老漸方。逸情仍賣畫，豪氣競飛觴。春夢青蓮幕，雲帆黑水洋。期頤須一世，大好見垂裳。

不抱遲生恨，蹁風近十年。黃華娱晚節，白髮照明泉。秋雪洞庭棹，春波湘水船。老袁須自適，莫共杞憂先。

敬呈

夫子大人　鈞誨　門生三多求正稿

复堂先生謬選拙詩擬彙刻同人亼中謹

以鳴謝

多世狂如白曾經顧識製早銜知己感深

念此翁清善誘期千古憐才冠一城落豪

今更慎為肯于使君

晚學三多求政稾

錄舊作敬呈

夫子大人　誨正

酬高子衡茂才

記傍箏港櫂曾訪竹林賢獨仰白眉者同邀青

眼憐鼓讜君師新詠清似水奇想別開天轉瞬秋

光形蟾宮步必先

奉懷复堂師鄂州

龍門桃李彈舒年朽木經書愧不華玉局少游

韋獨許昌黎長吉浪相誇圯橋授秘加黃石寰
海知音拜紫霞滔滔文星攬朗遠雲高翻首立
侯笆

壽許邁孫先生七十

壽星原是地行僊大雅堂開祝嘏筵嶺上某支
春八一海西桃獻歲三千管絃綠竹舊安石詩
酒琴書今樂天清福較量今亦少古稀不獨享
高年

人閒甲子數從頭介壽重添海屋籌誕讓放翁
先半月詞追永亦競千秋園栽榆樹椿同大門
滿華枝竹比修吾浙倘開真率會耆英社裏著
名畱

受業 三多初稾

登吳山觀感等岩蘇東坡別牡丹詩
吳東升歲寒窠竹米元章弟一峰
諸摩崖題紀
躡山纔數步一步一殊觀湖海澆胸酒峯
巒換骨丹古吟靈鬼法奇字蟄龍蟠那浮
淩雲筆狂顛劒畫磐　敬呈
夫子大人鈞誨
受業三多拜稾

鵲橋僊　月

一輪孤白萬家同朗景事分明還記初三下九
匳珠簾愛嬌小圓姿堪替　浸愁不淡展寬
欲碎幽恨滿琴慵理隔箏依樣照無眠都虧
那擁簫雙髻
近止敬呈
夫子大人
鈞誨　受業三多求正稿

徐珂小傳

徐珂字仲可浙江杭縣人舉於鄉累試禮部不第援例為内閣中書改同知袁世凱練兵小站延為將校講經史大義天津徐世昌奉新張勛皆共事助則結盟為昆仲既而諸公當路能富貴人或諷之曰盍往投之富貴可立致則笑應之曰果取富貴於我何有耶既而往日將校之聽講經史大義者亦多稱兵居高位將廩給之則謝不受而鬻所著書换米鹽自給與人書嘗取舊書裹背糊而再用之或累疊置案旁以記所聞而錄於座右曰一舉而得廢物利用好學深思與人謙謙雖一事之微一物之細苟有可記歸必書之以戊辰十二月十一日卒年六十所著凡文詩詞集若干卷大受堂札記五卷可言十四卷五刑考略一卷清稗類鈔四十八册

右錄夏敬觀徐君仲可墓誌

徐珂 一通

弟子徐珂謹上書於
夫子大人函丈夫飛龍上翔鱗介必宗其大附驥致
遠蠅蚋自忘其微良以
門牆在望非千仞之高峙河海翕受實衆流之
所歸至若珂者傋瞀無知萎腇不振且蒙
吾
師假以顔色拂其羽毛蚍珠見珍謬承
標鑒之獎斗衣

賜坐屢邀
咳唾之恩何哉意將度木運斤兔輇材之棄渡
津授筏導彼岸之登也所惜春明被放有負
銓品
夏屋久違罕陪都講昧燕石之藏守類棗膏之
昏嘗為可愧耳惟自南旋以來視膳多暇趨
庭退休輒欲咀英藻菲古芬苑從衡青
箱劬於舌耕凌雜丹鉛繼彼耳學或蟲聲

之相和幾馬足之不知而乃性既健忘心實懈
散雅好書色劣三商而已疲願淬智光即
半解而難索其將奈之何哉矧復離羣瑟
居顧景誰語對古人於芸帙匪可晤言求
碩交於苔岑孰為合臭皇皇乎倀倀乎無
磋磨之助有孑蹐之憂者矣近頗礱習儷
文流連往製未諳句逗待叩大金鐘猶幸
師承早奉為 玉泉發篋稍[illegible]搦管不遑恃

誰昔之
愛憐盼
明公之拂拭謹錄新作八首奉塵
大席望
垂筆削雕娸畫醜慕赤白之為章陰偶陽奇
冀砭鍼之有術本末探驪而握要安能倚
馬以成篇
夫子蓋亦憫其儒輸而加之

訓迪乎
瑤華倘賁恍親炙於
春風枯荄不滋當深沛夫
時雨伏惟
鑒察不勝征營珂再拜

再稟者：客秋曾蒙
借校駢體文鈔，屬以匆匆歲暮，人事填委，未竟，毋
黄。伏居姚州，今頗暇矣，敢申前請，乞
將全冊惠假，排日加功，計一月當可藏事。辱在
愛末，度不見卻，干瀆
尊嚴，主臣何似。附呈家花農兄玉可詞，伏希
鑒存。敬請
崇安 珂又稟 十月望

江雲龍小傳

江雲龍字瀞之號潤生安徽合肥人少失父母宕逸不羈伯兄撻之而泣
由是感奮大治於學年十八應督學試冠其曹負才自喜薄帖括振流
超悟士也會遇異人於蘇州授以姚江學說精思數月渙若有得君與語
大驚服折節師事之光緒十六年成進士選庶吉士授編修充國史協
修居京師不能造請貴勢家貧乞外改知府江蘇權視通州權知徐州
一年以病歸年四十七始君以孤童長育於伯兄兄殁始通籍往於
朝妻劉繼逝又遘聯軍入京友人翰林壽富主事王鐵珊皆徇國死
悽然身世之際湮鬱無憀遂頹天年然忼慨急人之急鄉人曹思令
臨榆擊斷為治豪強側目因摭其罪欲致之死曹懼罪陽狂大吏檄
榆關守將錮之一室君方以翰林過天津自言願觀榆關形勝提
督傳知列將至則周覽營壘遂過曹曹聞人呼則肆罵君立門
外誦詩感之曹立止罵撼門求出守者禁之君曰苟有罪我以
身代開門挾與俱謁提督為白大吏竟得出通州州同曹已錮兩
載案中積穢成堆矣通州朱銘盤以高才不祿君以五百金振其
遺孤其行義皆此類也

右錄馬其昶抱潤軒續集署徐州府知府江君墓誌

江雲龍　一通

仲儀夫子大人座右自睽
道範閱六餘年中間人事之變遷世途之險易不
堪縷指前歲游粵東獲交陶心雲屠靜山兩孝
廉道
夫子之蹤跡甚悉亟欲作一札候
起居遥問
夫子杖履或棲或澍迄無定蹤提筆作書
每之中止弟子連年南馳北突刻無寧晷不

並為從人有道為不可不為
天子言者謹敬樸堅激之
左右弟子初無問世具隨緣度日得過且過任京
三年仍此志也繼因鄉諸公謂已通籍在朝宜
作久居計百方策畫始於今春挈眷來京
亦謂貧賤夫妻甘苦共之豈料中年多故事
與心違春自丁亥來即嬰舊恙百方挽救醫藥
兩窮綿延兩閱月竟以不起一場苦夫夢幻

此收手痛也何如兒子十去歲女兒剛十三年
忘了五夜痛徹心肝五衷碎矣更何言撰
一聯輓之云做一場苦夫妻忍凍忍飢卿亦有言但能
顯君子令名甚纓早死幸矣留兩箇小兒女未婚未
嫁我復何辭惟不慣婦人細事汝宜默相
成之可以悲矣弟子生而孫育於舅氏兄之手長兄
半路棄予而死伊兄之寶之又遙隔數千里殺未能
團聚無一日心不孝不弟罪瞞莫逭僅一窮糟糠

猶不能相守以終人生更何樂趣耶會此更求
志趣唯朋友一途弟子落落素寡交游可与論心者
唯一張子開耳子開家道較弟子小康可以常相
守屋乏子夫婦先弟之歡自發學於鄉兩試不
第而家道中落返而業筆走四方矣科舉之誤
人于於此弟子數年來不能盡情於家庭而
使妻子死有憾者亦科舉誤之也人生顛倒
不能自主非大勇之人焉能決擇哉

夫子晚年學道勘破此關風神志趣宛可想見然
風采當更老矣及此年時 弟子能從
夫子杖履山巔水涯完師弟一場公案只是要
事然人事如風燈今日不能知明日能存志願以
聽 造物而已人事烏足憑哉烏足憑哉南方溽暑
伏乞
師體爲道珍攝 千万千万 入世之學得大進境否
念之 受業翊 江雲龍頓首謹啓 五月廿五日

李恩綬 一通

仲儀先生侍右兩捧
瑤牋欵然久未報既由嵇嬾實情
鮑知也叔向忌鬷蔑之惡以一言而投張敏識阿惠之
路豈以千里隔哉宣南庽寮僅容十笏得之次
大箸排比鱗次幾欲充棟廠估詢雞次之價鄉友效
劉叉之攫婁矣交游光寵莫過扵斯
尊刻日記多談藝之言閎達已極大致近深寧季昭
二家次則陸祁孫合肥官舍札記可與儷肩似此

立言足以振興來者綬間有筆拾未付寫人定日擬乞
砭證也拙作刻於長安詩屋自謂才短於綫膽猶如
斗幸三四巨公不無過情之譽差免詒癡之誚而
先生復加之弁飾榮逾華衮能再
跋數行否綬散樗已久省槐強蹋僂指矮屋卑棲較
執事昔年僂數九十九日相去無幾顛毛種種而鶩於
浮榮謂之何哉屬以兒子丙榮於去秋補校官弟子頗
思觀場趣予返里因此北轍暫改南轅猶夫伏櫪之驥

敲慕繁纓號寒之蟲妄儕箭籥可哂良可憐耳唯
先生政聲遠姚遺棠布逸著歸來之賦補有用之書
章邵絕學定分一席六橋三竺間青蘘布襪容
君襄羊此樂三公何易耶甚羨甚羨世兄朏月颭
風必能繼紹謹奉校補鞭影四本此苑園冊子不值
大雅一噱尚乞
鑒納記在淝上承
命叙白香詞譜箋如曾補入布

詩品

文英製衣

印一通見眎尤愜鄙私也容春闈王司馬来止領函件
竟成空谷足音始則菉陝舍人渴慕縹緗旋亦雪澹
不然得
劉公一紙書豈不賢於十部從事耶伏希
諒及率復敬承
興居祓戩溽暑炎風惟
慎夏自愛
教晚李恩綬頓首
小兒丙榮侍筆敂
安
天貺節泐

高駿烈 一通

弟子高駿烈再拜謹上

夫子大人函丈：日月易得，趍稟候者忽有四旬，愧罪愧罪。夏日滔滔，伏惟

興居曼福。董子春秋卓乎屬辭比事之教，視何氏公羊解詁

异同可徵辨也。

國朝經生孔顨軒氏信之而未昌其緒，劉申受氏善之而未會其要，

張皋聞能言之而天不假年，淩曉樓鹽錢盧而爲注，又多承

譌率臆，未能醖會董意。前書論之

鳴鳳樓

夫子審正錯誤，校定篇章，誠千秋盛業也。駿烈幸侍
門牆，獲奉
傳授，不揣檮昧，有志箋釋，秋初赴試，當趨承
面命也。頃得宜都楊氏校刻古文苑中有董子雨雹對
詰丞相公孫弘書、悲士不遇賦，皆今緐露書所無者。按
隋志董仲舒集一卷，古文苑有蔡邕董仲舒集敘，
漢志本傳不著錄，當是東漢文人所選錄者也。竊
欲合高園殿災對、賢良策對、說武帝二篇為董子

集已入緐露書者不與抑或分入春秋説儒家董仲舒其餘逸文倣裴松之注三國志例坿入注中是否伏乞

敎示呂祛蒙惑焉宗氏主人甚見優洽諸生亦殷勤向學肰此閒僻遠魚雁稀逢昨舍閒書来謂離家四月未見一字不知何故堂上懸念十分　駿烈　春閒曾兩寄家言方日盼回書忽聞此信懊恨無已舊冬宿信不得達德今年德信不得達宿所幸　敝親　潤之金陵家書云及　駿烈　已抵安州重慈藉呂少慰不肰八十有六年祖母更不

知憂慮何狀矣此中曲折未敢冒陳

左右畧具惕庵東中

夫子或召而咨問之前聞惕庵于役荆州自是

春風噓拂同深感謝閱申報張子密明府已赴郯城任

菱沼行蹤當有書上

師門夏暑恆暘伏惟

珍衛 弟子駿烈再拜 五月廿三日鐙下

子鐳世大兄文祺

鳴鳳樓

王秋舫　一通

仲修先生大人升安見字

昨日戲園一見以後就無全局今日

請到我處有要緊言語拜託如渴

閒急請過來啟可否

譚老爺升安

秋舫頓首

郭傳璞　一通

矮榻褥浪疏簾櫛煙適展
仲修詩卷胎息靈均紉蘭為佩咳唾太白呼月作盤
清越其音綿惙其思讚歎未闋而
輪藻忽臨信乎文章之有神也
足下幼挺瑺至壯飲香名士衡之音吐難古今平子
之制作侔造化臺閣前輩詫豐城之劍光儒林丈人
眩荆山之璧彩宜矣至如僕者局影方隅抱質庸固

偶攻雜賦乃壯夫所不為間效小文為大雅所竊笑
歲庚申會丹陽
張文貞師視學吾郡萬流仰鏡一字拔人誤鷦鵾為
鳳皇而弋人施罻私樗櫟為楠楩而匠氏中規晚節
獨完涵恩靡涘而泰興
少宰不棄微帚尤寶康瓠苟淑之接黃生日晡未去
徐勉之待虞子月午還留類句審其推敲僻典慎其

甄擇匪薄技之紆餘卓犖有當於師韓實大賢之宏
獎裁成不倦於說項耳覆誦
手告謬承品題謂羅浮兩峰卓哉並峙滙渙二水逖
矣同源望廬劉之騁轡建安擬李杜之掉鞅天寶
君其庶幾僕何敢哉然而影者形之著名者實之賓
即影定形夷光襲貌於嫫母鶩名違實老子同傳於
韓非是故冰炭不言而暵溼之性自辨笙磬殊器而

雅南之樂均諧吾願

仲修遺落浮榮擠排俗喙陳射洪一百軸不必粥采

於羣兒劉東莞五十篇不必丐知於時貴

書中所擬先正云云孟晉追羣勉之而已僂指月杪

戒裝遠遊熱謝因人拙甘藏我自科進止當如王芥

子翟晴江為允材有優絀道無窳隆訊我

仲修以為奚若恃知惠子弗責膚辭暑候蘊隆倍萬

珍攝古董郭傳璞頓首頓首謹上

大梅師插架十萬卷其家人已四分之境頗清瘠

恐長恩不能牢守矣所箸成書兵後散逸幸麻沙

無恙將來重印當以各種持贈耳敝郡同年前月

啓程僕與廉始竢伊確耗方去浙西諸友行止奚

似乞裁示為感

五月三十日

俞祖壽 二通

仲儀尊兄左右辱
惠書所以教誨之者甚殷且至奉誦至再感與慚并文章之事何
自道之深也壽束髮受經自四子書至五經周禮儀禮孝經皆出
庭訓至今猶背誦無訛三傳爾雅未能背誦全帙又未嘗為專經
訓詁之學國語國策史記漢書文選諸書亦皆未能卒讀其他經
子史諸藉隨時涉獵為舉業助耳幼嘗學為詩賦大率應制之體
居多戊午以後輒輟不為始有志學古文詞而又牽於世俗之學

好之而不為為之而不專以至於今昧昧也前年　戴子高來幸不為所棄相與討論獲益良多而於吾

仲儀為會日淺悵然於懷別後

致書屢教以所不及　壽深感

仲儀之情而深恐

仲儀屬望之非人也欲出一言就正又自慚所學淺陋而不足為

仲儀道也然古之君子教人所不足而矜人所不能子貢曰良醫

之門多疾人砥厲之旁多頑鈍以良醫之能愈疾砥厲之能化質也易曰同氣相求又曰君子以朋友講習　壽將不出一言以就正耶恐自暴自棄而終不得與聞道也因特舉平昔所曾肄業者略陳其鄙謬之見惟仲儀教之　壽獨居深念以為天地民物之故備於伊周孔孟伊周與孔孟之道備於六經而散見於子史百家之文脩辭之事入德之基也孔孟而外荀子為大儒性惡一言為宋儒詬病不知荀孟

之旨殊途同歸孟子恐人之憚於學也告以性善而曰大人者不失其赤子之心者也人莫不重大人而輕赤子以其所重導以所輕則不至於憚勞而止繼見其心之已如赤子而未足為大人也必将返而求之於學荀卿見任性而行者之流為凶狡也創為性惡之說使知自古聖賢無不由學而成者首以勸學名篇蓋有以也論性之言董子為允曰善如米性如禾禾雖出米而未可謂米性雖出善而未可謂善即孔子相近之說也曰聖人之性不可以名

斗筲之性不可以名即孔子上智下愚之説也春秋繁露一編洵能闡發聖人之藴惟論逢丑父一言未敢信以為然昌黎原道一編極有關係不得以平淮西碑送董邵南鄭尚書竇從事諸序較勝五原遂并原道而淺視也子厚但以文論則封建論一篇渾淪磅礴卓絶古今其他亦多浸淫經子之作游山紀諸編非其至者望溪稱之不可解也永叔敘事實法子長議論之文筆力雖弱而本論原弊諸篇委婉盡情所謂仁義之人其言藹如也蘇氏為策

士之文反復詳盡莫能過之明允六經論文字超絕惜於經旨有乖審勢一編或以為策之絕殆信然矣東坡表忠觀碑略近兩漢文上皇帝書文以在徐州所作為勝而言則所上之書為尤切代張方平用言兵事一書本之蘇子說齊閔王而議論太似頗近剽竊子固諸目錄序膾炙人口其他亦有似西漢文者但學之不善恐流為方板耳荊公上仁宗皇帝書切中時弊而新法之害流毒無窮信乎人君聽言之難也唐孫可之文瑋麗絕倫不善學者

恐為劉幾質諸

大雅以為然否至於詩則蘇李而下曹劉並稱而公幹非子建敵

也陶郭並重而元亮非景純敵也唐時作者羣推李杜而樂府之

失自少陵始也壽久業時文凡諸所列皆出其餘力而觀之紕繆

之譏知所不免望

仲儀有以教之弱冠以來日益加促百年之間疾如昏旦學業不

就始為可慮耳研經之事曩曾略聞緒論有未及備聞者將繼此

舜若

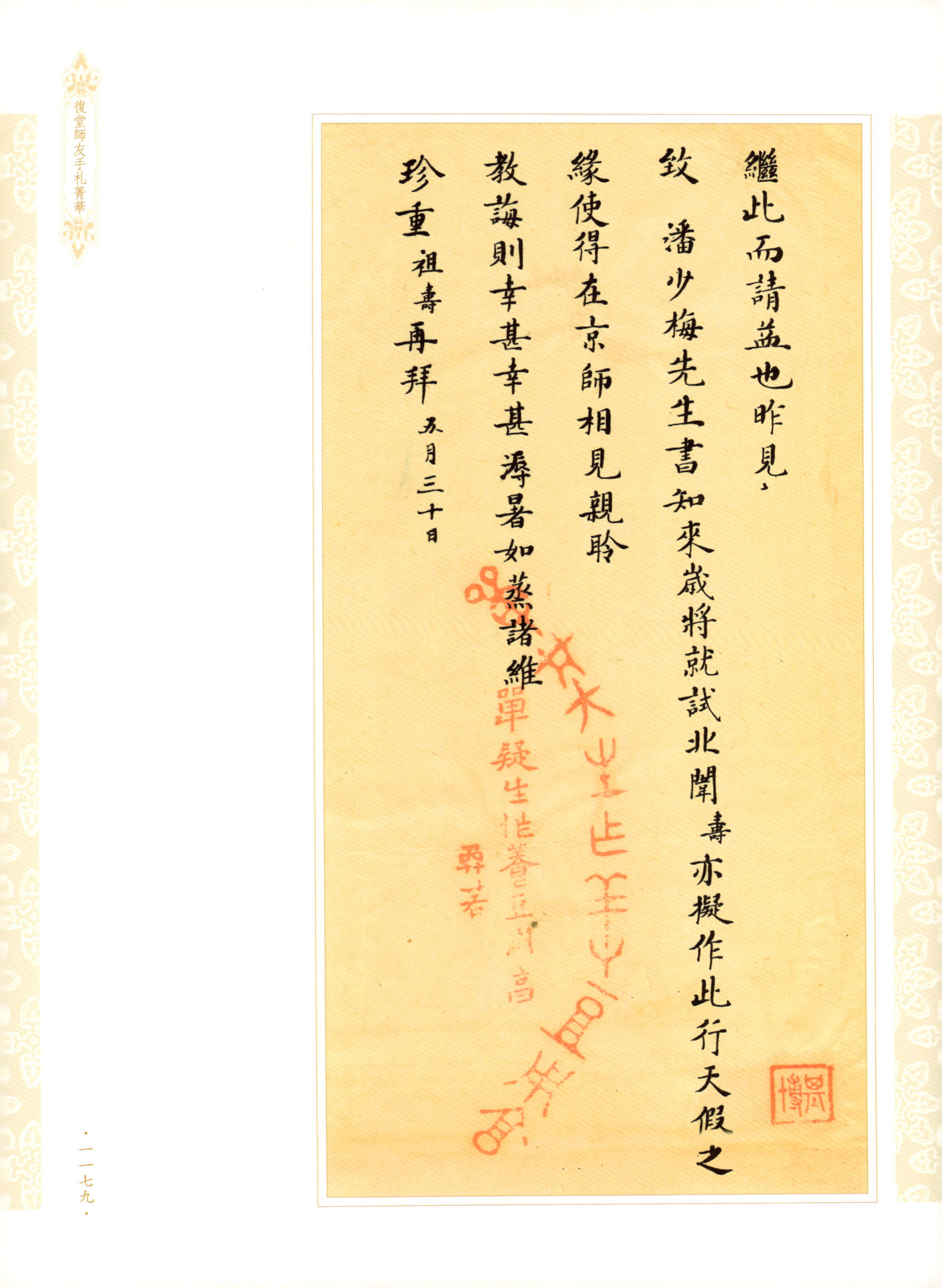

繼此而請益也昨見、
致　潘少梅先生書知來歲將就試北闈壽亦擬作此行天假之
緣使得在京師相見親聆
教誨則幸甚幸甚溽暑如蒸諸維
珍重　祖壽再拜　五月三十日

仲儀學長兄師事去歲涂月既望載書寫心中有求
教數則并附拙作與門行一章未見
還以一書用示景賤是否不付洪喬伏維
道祺篤祜 潭社 址釐定符頌禱壽今歲始有志問學
前書允以啟發愚蒙茲有疑義數條析衷
經席春秋莊二十七年冬杞伯姬來公羊傳言直來何注以爲無事而來諸侯夫人尊重既
嫁非有大故不得反唯大夫妻雖無事歲一歸宗竊以女子適人無論王后諸侯夫人大夫
妻字必繫姓明不與父兄爲異族歸寧之禮不得以體尊而缺特禮制自上以下隆殺以兩
大夫妻果歲一歸總宗諸侯夫人或三歲亦得一歸宗也毛氏傳詩言后妃父母在故得歸
衛女父母不在故不得歸則趙匡以（書）伯姬之來爲譏無父母而來殊亦有據紹公羊言直來（毛傳葛覃詩傳言女子之適人者有省父母之禮也泉水蝃蝀竹竿傳）
或亦譏父母不在而直來紹公無乃誤與孟子曰詩亡然後春秋作若謂風雅頌俱亡而魯（女子適人者不得復有其父母之謂也一高父母在餘皆爲父母終惠周惕以爲二者祇据未知何見）
史氏作春秋則變風終於陳靈時春秋始隱公元年不始宣公十二年謂黍離降爲國風而
雅亡豈十五國之風孟子不謂之詩竊意孟子所謂作指孔子而言與好辯章同意其事其
文尚指魯史至引孔子言二句始纖足春秋作之意蓋詩亡於宣公之世越四十七年而孔（爲哀十四年）
子生又七十一年西狩獲麟孔子作春秋凡百十八年然後春秋作孟子祇渾言之魯史氏
春秋豈待詩亡而始作且不始于隱始于隱者孔子作也杜預曰平王東周之始王隱公讓
國之賢君平王能祈天永命紹開中興隱公能宏宣祖業光啟王室則西周之美可尋文武
之迹不隊是故因其歷數附其行事采周之舊以會成王業垂法將來杜說正合孔子爲東
周之意聽見如此未知然否文王受命班固劉歆賈逵馬融王肅韋昭皇甫謐僞孔以爲九
年而崩司馬遷以爲七年而崩子長親問故安國當較諸儒爲確故周本紀曰九年武王
上祭於畢東觀兵至于盟津爲文王木主載以車中軍逸周書文傳解殆未足信惟受
命爲後人稱頌之辭改元殊非奉正朔之意與論語三分有二以服事殷者異而近世
諸儒頗持其說何也詩周頌敘似止以於皇武王一章爲武而春秋宣十二年左氏傳
楚子引周頌有桓三賚六之說杜預曰與今詩頌篇不同蓋楚歌次第正義言今頌篇
次桓八賚九近世全謝山推仲達之意謂取周頌中合數告武王詩次第之以為大武
昊天有成命第一時邁第二執競第三有瞽第四載見第五武第六酌第七桓第八賚
第九信如謝山所言仲達殊誤楚子先引時邁詩辭繼之曰又作武明不以時邁爲武
矣八九之說恐未可信惟解卒章爲終章之句自當若從陳長發作一章一句解恐無
此篇法至楚子引詩言其卒章其三其六皆承作武言則似以桓賚亦爲武與敘又不合
此何以故三六之說謝山以爲當闕疑冀得

足下剖析之近讀雝詩作一條辨以爲禮記大傳王者禘其祖之所自出以其祖配
之祭法周人禘嚳而郊稷祖文王而宗武王合觀禮意知雝詩禘嚳而文王配之矣
王肅謂合羣廟之主則混禘于祫趙匡謂后稷配嚳則雝不歌稷朱子改爲武王祭
文王之詩則禘不得獨缺于頌文王廟中何得斥言昌後惟禘嚳而文王配故兩言
皇考烈考禮記曲禮篇廟中不諱鄭注言有事于高祖則不諱曾祖以下故禘嚳時
文王配言而詩言昌後或言禘嚳何以頌文不頌嚳曰末二章頌之矣綏眉壽介繁祉
當以爲右自帝嚳右古訓助雝詩二右字與大雅保右命之我將惟天其右之二右字
同義右其孫子必從右考母意推而及之綏者如此介者如此則亦既右烈考亦右文
母矣惠周惕解爲左右之右謂文位右太姒從文之位而右則與綏我二句文義不
貫且禘嚳但配以文王決無文王太姒並配之理陳長發以此詩爲四海歌頌之聲
本非廟中之事故其詞不爲廟諱禘祭樂章當制自朝廷豈有取閭巷歌謠之詞爲
之者又以烈考爲武王雖本毛傳而子母並稱且先子而後母褻越甚矣況詩曰文
母斷屬武王稱太姒之詞此條聽見太多與箋傳俱不合未知可否承
示易有今古文想即費孟之分虞鄭得之而師承各異者姚信陸績號得虞旨集
解中所見似乎數淺殆存於今者非其至與有明一代詩繼軌李唐而文推爲巨
擘北地信陽吳中歷下四家優劣顧得
一言以定準繩 子高詩二卷聞已付梓其集中可傳者當以在長相思吳貞女行寓
意八首餘尚純駁互見
大箸復堂詩粹然風人之遺秀水新城瞠乎若後矣前致 鳳州書處横流之
日爲追原之論學術治術兼綜條貫心折奚如壽與吾
兄爲會日淺屢承
垂注殷拳賜書敎督感激之私無由自致異日相見當賦隰桑之卒章焉今年
將有長安之行西笑出門當在端陽前後浙中信息又復不佳吾黨二三子亂
于其閒未知彼蒼作何位置
來書云時變亦所以成材稽古必歸于有用孔明仲淹由此其選矣服膺久之
情長楮短未罄所懷專此敬頌
起居伏維 珍重

小弟俞祖壽拜上 如月初五日

項廷綬　一通

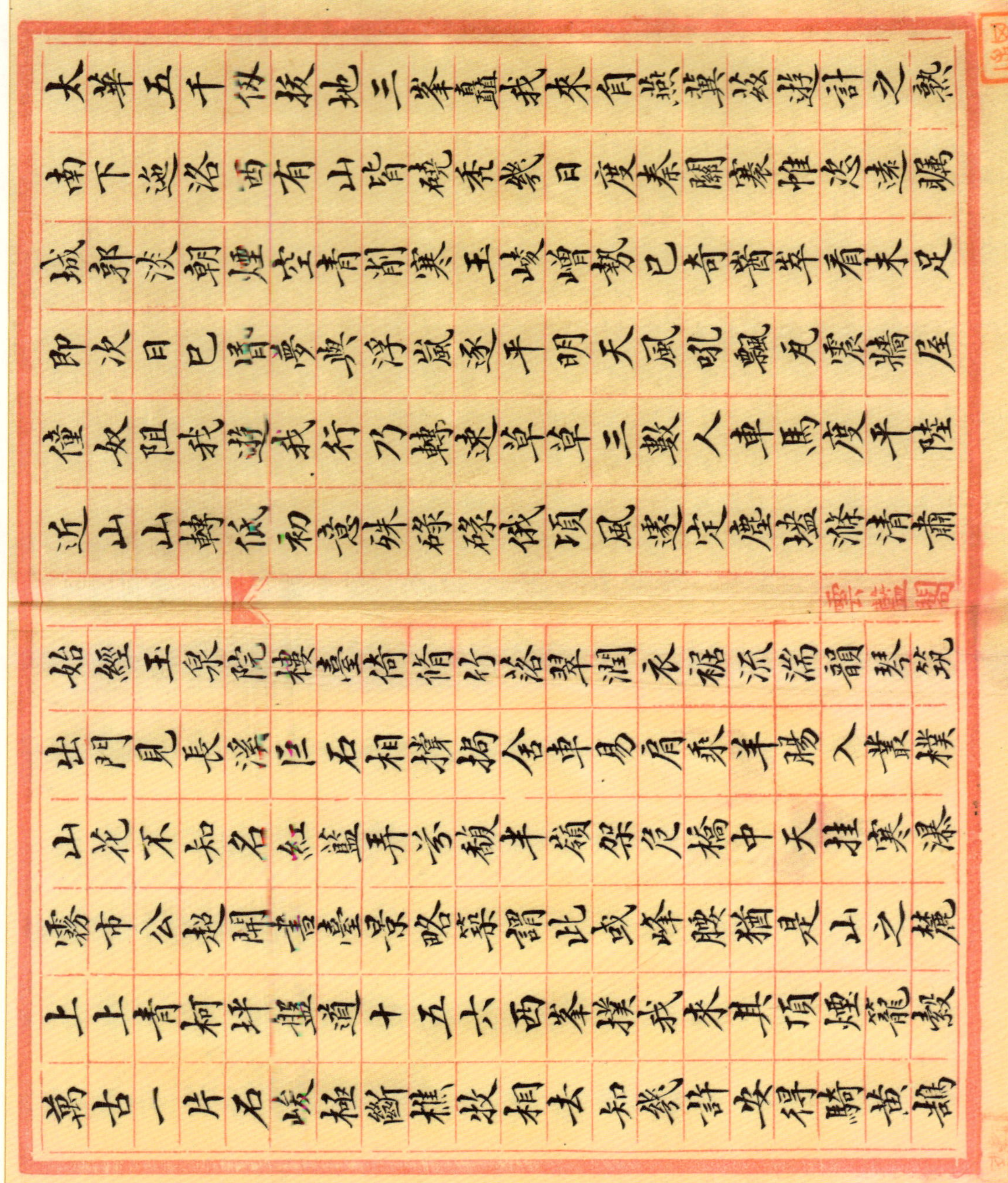
太華五千仞拔地三峯矗我來自燕冀谿遊計之熟
南下迤洛西有山皆稜秀幾日度泰關蹇惟恐遂躡
城郭淡朝煙空青削寒玉峻增勢已奇岧峯看未足
即次日已晴晏興浮嵐逐平明天風吼飄瓦震牆屋
僮奴阻我遊我行乃轉速草草三數人車馬度平陸
近山山轉低初意殊碌碌俄頃風漸定塵埃滌清肅
始經王泉院樓臺倚峭竹松翠潤衣襟流澗韻琴筑
出門見長溪巨石相撐拄危卓易肩承羊腸入叢樸
山花不知名紅豔弄芳馥半嶺架危橋中天挂寒瀑
靄市公超開書臺孚路萃習此或峰腰猶是山之麓
上上青柯坪盤道十五六西峯撲我來其頂煙籠轂
萬古一片石峻極斷雕琢相去知幾許安得騎黃鵠

此地名迴心游者多犨顧來發太白首已驟呂黍哭
徒步決先登從者皆不敢百尺千尺幢人行天在[illegible]
又上為犂溝重巖徑尤促鐵絙界其脊攀援濟跳蹴
健者或傴僂懦夫幾匍匐行行勢益高走地不容躅
下登如井穿上石如釜覆仰視崒嶽巔卻立磴摩腹
方喜眼已皆非冬手俱瘃始望雲臺峰仙闕插幾稜

雲藍閣

暮色四山來歸鳥集林木道人下迎客然杖以為燭
導登崖上樓參飯供野蔌為言行已疲至此空信宿
移時界宵分缺月嵜綃肭山深動寒吹臥聽肌生粟
晨起躡蒼龍萬嶺勢立纛銳進三百級流汗氣僅屬
轉左臨絕澗鑿石趾如敹再上凌天梯股栗幾蹉跼
轉憶昨所經奇險未為酷上懸五雲峰陰陰多樸樕

巨迹夜過虎清響曉鳴鹿逐達金鎖關古戍備孤鶴
飛樓駕石梁崩墮神物觸撥雲涉東峯列嶂類削牘
上有洗頭盆玉女煙鬟綠巨靈手掌在石破色如肉
徑入南天門路細多[illegible][illegible]横行蟹爬沙直上蠶附簇
又進值平岡天漿時滲漉其蓺麥與黍其卉杞與鞠
此地出世間賴以具饘粥乃知上帝仁於此妙亭育

雲藍閣

數轉望神局松風寒謖謖入拜金天祠林熒得吉卜
戢子始西游百里懼覆餗但與人無患敢冀神加福
起登落雁峯穹窿此山獨天池水一泓日月所沐浴
呼吸帝座通指點塵寰溥東瞰巍中原隱隱見函谷
二室與湯城遥青如可掬其西臨長安秦川互瀠洑
千里莽蒼蒼平楚下孤鶩其南聯中條長煙渺巴蜀

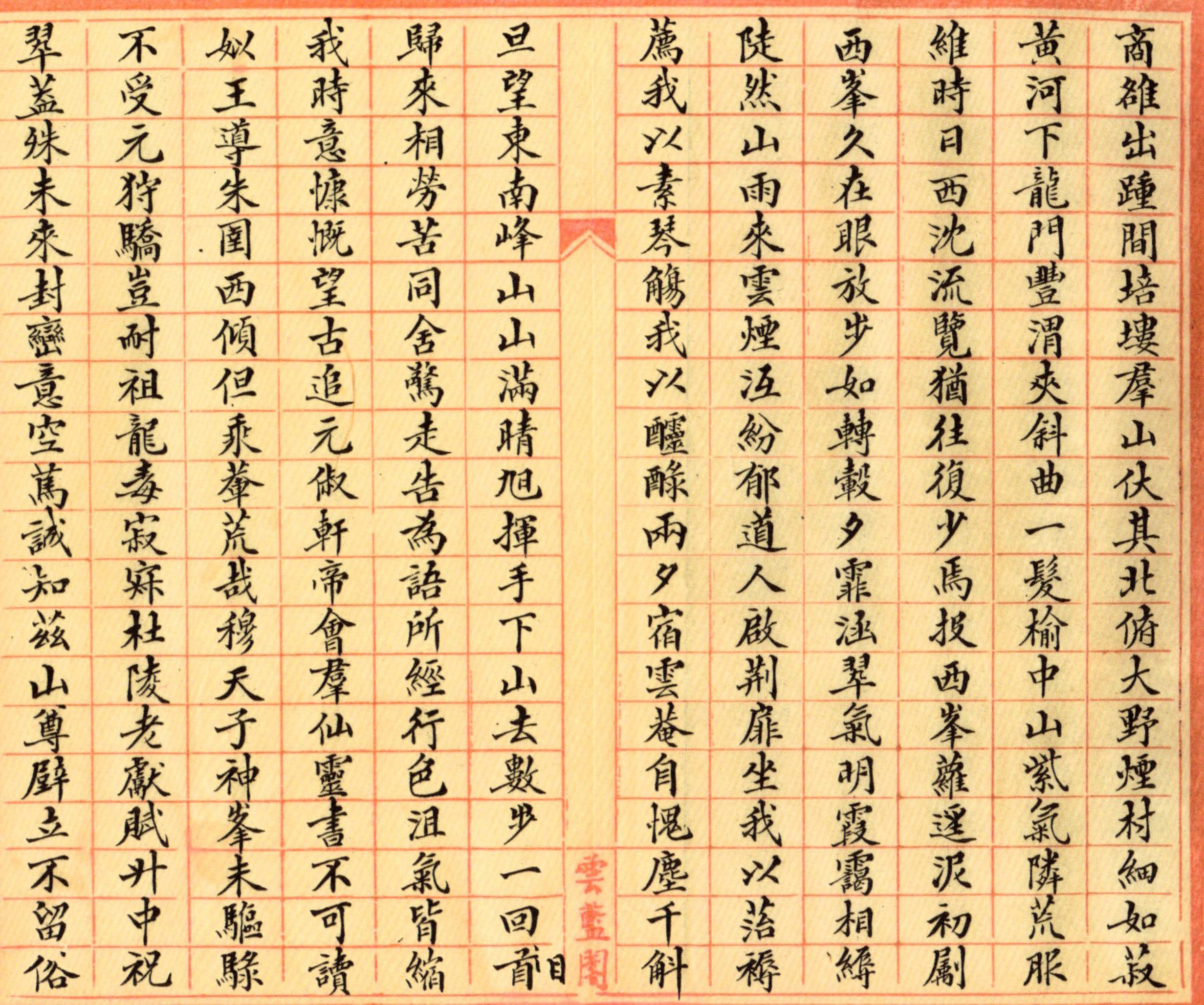

商雒出踵閒培塿羣山伏其北俯大野煙村細如菽
黃河下龍門豐渭夾斜曲一髮榆中山紫氣隣荒服
維時日西沈流覽猶往復少焉投西峯蘿逕泥初劚
西峯久在眼放步如轉轂夕霏涵翠氣明霞靄相縛
陡然山雨來雲煙迻紛郁道人啟荊扉坐我以落褥
薦我以秦琴觴我以醽醁兩夕宿雲菴自愧塵千斛

旦望東南峯山山滿晴旭揮手下山去數步一回首目
歸來相勞苦同舍驚走告為語所經行色沮氣皆縮
我時意慷慨望古追元僾軒帝會羣仙靈書不可讀
姒王尊朱圉西傾但乘華荒哉穆天子神峯未驅騄
不受元狩驕豈耐祖龍毒寂寥杜陵老獻賦升中祝
翠蓋殊未來封巒意空篤誠知茲山尊辟立不留俗

惟有適世人驂鳳鞭青犢通客竟何緣山靈謁采錄
明朝走南鄭行李嗟僕僕瑤碧盪胸間嘉游何時續
今年四月 綏 捧檄西征五月入關中游太華成
紀游詩千言至金城會 少海先生客大府楊
公幕下以此詩就正 先生屬許君玉年為圖
而 綏 寫詩於上惟三峯崒起五六十里不可得
盡畫其顛頂而已太華宅南面而面北其中央隆
起上有祠宇者南峯也最高之峯曰落雁上為天
池其下曼延而辟立者東峯也玉女洗頭盆在
馬仙掌當正東雲開清霽入潼關即可見轉而
下為金鎖關為五雲峯又北東為雲臺峯其圖
上而黝者香爐峯也西峯豐上而銳下勢最峻

雲藍閣

入山不十里已此之逢觀西南峯遂起若退避
不至天池不知西峯僅及腰腹也西峯之西有
爲一峯出於雲外者少華也其大小羅列蹲伏
隱見者商洛諸山也綬此游雨宿山中登涉粗
遍昨歲許君西來亦嘗游此詩與畫兩相證也
先生蜀人宦吾浙足跡半天下度隴一載今將
東還行過華陰當杖筴勇進無爲山靈所嗤山
中道士有石華陽者可與爲友也此詩此畫即
爲先生鄉導何如
道光九年八月錢塘項廷綬識

雲藍閣

孫葆田小傳

孫葆田字佩南山東榮成人同治十三年甲戌進士授刑部主事改知縣分發安徽授合肥合肥李瀚章鴻章兄弟起兵間以湘軍淮軍立功至鴻章以宰相總督直隸兼北洋大臣瀚章則以湖廣總督告歸居家有僕怙勢踞其都司死補不得則李氏匿之也葆田躬自率役守李氏門曰不得出不歸矣李氏乃縶其僕以付葆田既而瀚章遣請不見憤曰告老總督乃不及一現任知縣耶葆田有弟鴻章客也鴻章賀之南下謁葆田居間至則葆田率吏民郊迎曰相公若不敢以私見備儀從張而不以入署居三日終不得開口遂逡巡自引去李氏愬訴於巡撫遂罷葆田官士民泣送境外數十里不絶曰從前知縣不過為李氏作家奴耳惟爺為窮民作官為之謠曰包龍圖清嚴不如老孫包氏合肥人故以為況也葆田在官署一聯於大堂柱曰合則留不合則去肥吾民勿肥吾身及官罷寓省城署大門聯曰斯是陋室臣本布衣工詩古文遂以教授終其身

孫葆田 四通

仲修仁兄同年先生左右：别來遂已兩月，相距不過三百里，而無由一奉教言，曷勝悵也。曩見閻大司農，謂作官為天下極俗之事，弟今而深知其味矣。承示尹君節前且不接篆，我兄得免益增賠累否？弟公私粗適，惟拙於催科，上忙徵銀至今不及百分之四五。地方民情雖刁，亦頗知感恩守法，不如諸公所言之甚也。弟遇事以敬信勤敏出之

百姓亦自能悅服近日中外事續有確聞否二三材
竣為將來議論紛紛天下事亦大可慮也我輩吏隱
下僚正自不能不切杞人之憂耳考費等事當照章
奉行但有官書往來無不如
命 薇珊現已進省將來自必詳致弟懶於作字啓
候闊疏幸乞
鑒原一切肅此敬請
箸安 弟孫葆田頓首

仲修老哥同年大人閣下：闊別日久，豈勝思念。去

臘復書，有過江代

兄之譴，不圖今日遂成讖語。

執事善政在民，上游倚重，而以弟琴承其後，

懼不免隕越貽羞耳。宿松人望

君甚於望歲，弟為地方籌口事經費不敷，晉省

面禀，幸邀允準補發銀兩，回署後便可交卸。

籌口委員乃吳司馬道灼，弟此行又為

老哥有許多筆墨聞合肥縣試在三月初旬然
否弟到彼當在中旬一切公務仍望
斟酌得宜爲幸以我輩道義相許交替之際萬
不至學世俗仕宦情態也　芝憲亦弟癸卯科
世叔　覲旋後必須叩見計都中當有書
問也手肅敬叩
近喜恭請
大安
年小弟孫葆田頓首　二月十六日

仲修仁兄先生同年座右累月有疏啓候近想
興居佳勝曩得八月四日
書知到合州後毅然以官須自爲可謂卓立不羣甚盛
甚盛弟碌碌如恒地方年穀雖豐收而催科政拙懼不
免考曆下下奈何承
論李姚二家文録具徵卓見竹柏山房撰著勤而無師法
所見與鄙意正同近得　馮夢華書並所撰成先生
志銘乃頗見此君爲學宗旨皆聚晤時不及揭敍也

夢華甚以我

先爲僉前所需刪存玉函山房輯佚書目今録寄此曩

時偶然校定覆閲尚多不合望即

指正爲幸湘南近刻有袖珍本頗便舟車攜帶

見示　張奉常果又攻外不少

先生所料茲敬懇者弟有一同堂兄名葆均係江蘇候

補從九能俗隸兼工繪事曾在大通釐局當差三年爲

劉觀察所倚信最善緝私近因補缺無期意欲謀一

長善爲仰事俯畜之資見來箱松言及此次舟過大通邪
謁當途諸公有舊日同事王太守頗思援引弟深知我
兄與 子通觀察交好用敢冒昧瀆陳可否
賜一薦函寄至弟處由家兄持往面求提調則此事可
期有成弟等感荷
盛德亦靡有涯量手此敬頌
文祉惟
照不宣 年小弟孫葆田頓首 十月二十一日

恒泰製

仲修老哥同年有道座右：弟以疏懶久未奉候，得臘初三日書，遠承厪注，並勝叔也。過江之行以弟代兄，雖得士較多，而私累益增，如何如何。此間風氣頹樊，然難為治。近儒因識時務，輒思以經術飾吏事，倡明古學，僅託空言，非能如貴治文教烝烝日隆也。不審近日有何

恒泰製

撰述廣州樵公衙　命遠征折衝樽俎甯不使書生
愧死昔日
懷甯縣齋同飲諸君周素人胡稚楓相繼徂喪可爲悼
惜弟近來都無暇讀書舊業漸荒歸田無計求如
先生仕學兼優豈易得哉天寒伏祈
爲道保重手此布臆敬頌
著綏餘惟
鑒照不宣　年小弟孫葆田頓首

恒泰製

陳鍾英 一通

復堂文稿序

或問於余曰文何為而分今古也余應之曰蓋亦運會為之也然則遂無復古之士歟曰雖有其人達而在上如登高振響應之者衆窮而在下蘭生空谷之中則寒香同臭者寡矣何謂運會為之曰唐虞夏商之文渾質肅括成周之文典雅精奥戰國之文縱横馳驟秦益之以雄悍漢承秦之後其文淵懿醇厚閒有沉博削峭刻之風東漢漸排儷而雄直之氣猶存大儒代出節義如林文至兩漢盛矣孟德文舉才如河海氣如虹霓

孔璋檄詞道勁（健）鋒鍔一徼類波遂劃疆界魏變爲寬緩繁縟晉代因之時有作者欲復古而未振宋極鋪張揚厲之致而乏風骨遠於梁陳專趨綺麗風會遞嬗氣格日下春夏秋冬四時代謝江淮河漢萬古同流然不得之非古文也蓋嘗取而譬之唐虞三代文之帝王者也戰國先秦文之五霸也兩漢文之良將相也魏文之貴公子也晉宋文之賢有司也齊梁陳隋文之美女淑姬也後世則皆有之而皆非其至者矣若屈原宋玉荀卿莊列老韓之倫龍驤乎周季賈生司馬遷相如枚皋劉向揚

雄孟堅伯喈之屬虎步字漢京其著書立説有簡練精覈汪洋恣肆之殊其摛辭掞藻有幽愁憂思麗則麗淫典冊書檄之辨其攄情論事原本經術曉暢時務則又有法家策士文苑儒林之別之十數公達者誰耶其他固有達者或運際其盛無待於復者也否則立德立功不必以文自見者也或曰公孫宏匡衡王安石皆位宰相而韓退之為侍郎歐陽永叔參知政事不可謂非達也余曰公孫刑名近似黃老稚圭説詩解頤長於諷諭以視賈劉遷固為何如矣東坡稱昌黎文起八代之衰若曰

三

文自東晉而下衰於漢又八代自有盛衰昌黎起其衰而反之盛耳不知昌黎古文之醞深樸茂者悉化為煙雲繚繞騁筆力窮氣勢遂開格局間架之门故文體至昌黎而一大變然則昌黎乃變八代之舊非起八代之衰也惟張許祠堂記及貶所上表諸作古意嶙然或其文生於情而為之歟廬陵學子長而稍得其氣韻其知貢舉也值割裂飣餖艱澀晦蒙之時亦可以少收廓清之效半山孤峯峭削一家之言非磨世厲鈍之具皆不可謂之復古文也明人才高意廣祖述周秦憲章漢魏率皆蚤歲登科據

要津執牛耳鍛鍊未純町畦未化至有優孟衣冠之譏斯亦達之為累也或曰子以格局間架為非古文何也余曰盈天地間雲變霞蒸水流淵渟山峙日月之暉麗草木之芬華何一非自然成文者耶必也本乎學問發乎性情君國民物之心哀感頑豔之才鬱積滂沛於其中流於不自知而動乎其所不容已苟有所觸傾胸臆吐肝腸而出之如水流成渠如風起為波瀾如華嚴樓閣彈指即現夫豈故情詞悱惻深切著明而沈鬱頓挫堅若金石信若蓍蔡驚風雨泣鬼神易曰修辭立誠蓋言之有物無意為文而自工

是則所謂古文也若夫標一格之奥衍襲一調之新奇矜情作氣真意不存此其文為何如必有能辨之者於是淵者默然而退當欲持是說質之大雅而未有以發也會譚子仲脩出示所著復堂文屬為之序作而曰意在斯乎意在斯乎往余嘗讀譚子之詩五言由齊梁上溯風騷得嗣宗志隱味深之旨七言步趨七子而入盛唐之室沉雄綿麗時見風格儼然猶復矜莊其度淵默其神不多作非其至者必削今讀其文考據詳而精論議覈而當氣味純守而文生於情言皆有物無無所為而為者則且

陵跨建安而進於漢京蓋譚子君於藝苑之源流得失究極貫穿串咸有析衷博乎其學粹乎其養言皆通達治體而可見諸施行非獨文人之文也其以復堂名集亦可謂篤信自得者矣吾鄉有王子壬秋擷六朝之腴扱兩漢之髓神明變化遠紹先士盛軌於千數百年之前譚子君固文心儀久之異日者班荆論文而以鄙說從乎其後吾知必有得意忘言相視而笑者庶幾古文之旨晦而復明而譚吾子復古之功其亦有所考證也夫同治十二年五月既望衡山陳鍾英謹序

七

潘曾綬小傳

潘曾綬字紱庭，江蘇吳縣人，道光朝狀元宰相文恭公世恩之子，同光間探花尚書文勤公祖蔭之子。少年公子，老封君，而濟以其間，以從容文史，以文蔭官四品卿銜內閣侍讀。

潘曾綬

一通

蘂珠樓閣層層掩綠紗窗外冰娥斂香冷翠衾單東
風惻惻寒紫霞衫子薄雙手搴紅萼親折小花枝
重來獨坐時
而今飄泊同鸞鳳秋風吹散仙源夢扶酥折垂楊遙
人寄玉郎芳春憐已去人面今何處繡帕幾秋雲
瓊丹裏暗顰
懨懨病酒慵妝起碧天如洗庭如水傷別又傷春春光

易惱人　玉階蝴蝶上秋雨瀟、響薄霧徑金莖

花驄門外嘶

一襟紅淚愁難訴　遊絲飛絮渾無數　千里寄書回

尋芳人不來　畫屏圍曲、鏡裏人如玉　重到紫雲堂

好花依舊香

調寄菩薩蠻奉和

仲修仁兄元韵即政　綏庭弟潘拜復

汪鳴鑾小傳

汪鳴鑾號柳門一號郋亭浙江錢唐人僑寓蘇州同治二年乙丑進士累官
吏部右侍郎工爲制舉文刊有自強齋制藝文皆博大昌明鏗鏘圓亮
調琅琅一時習帖括者羣相揣摩所平生論學則謂經義非訓詁不明訓
詁必求諸古書說文其津逮也方其官國子司業謂小篆生於大篆而鼓
十碣尚爲岐陽遺迹監視洗拓以頒多士得者寶藏逾於百年前舊拓
及出而典試督學場中校閱凡精於小學者無不首列即間有引用說
文一二語者亦獲甄錄否則文雖佳亦置之屏斥揣摩諸人爲之羣然畏
氣云中間出典河南試過召陵公來故里遂以郋亭自號以示崇仰

汪鳴鑾 一通

征途百里阻琴堂輿誦傳來喜欲狂治譜好從耆宿問謂薛慰農先生詩情豈與簿書妨如君筆迹千秋業小試弦歌已光我輩相期惟遠大湯隨行路說甘棠

己卯七月既望送芝生定遠距全椒百餘里聞

仲修仁兄同年大人宰定邑賦此寄懷即呈

教正

郋亭弟汪鳴鑾未定草

秦因延　一通

作客經滄海看山返故鄉斯遊真磊落我

輩任行藏待躡丹梯步先探桂窟香居降

江浙地薛水來殊方　喜結還鄉伴依人計

本差傾談知抱負銳氣入才華辛苦勞行役

平安預報家歸囊都不俗隨路載烟霞

時事今如此人手有幾何雲鵬前路遠風鶴

異鄉多吳市行沽酒燕臺夜放歌平生饒

閱歷意氣詎銷磨 世亂成名易家貧力學
難萬言看對策五斗悔求官樓屋芸塵夢
新交訂歲寒西湖歸正好秋月最團圞
己未新秋自閩旋里道
仲脩仁兄大人回浙應試得與偕行風郵雨驛
時共談論藉慰寂寥書此以誌
良晤即乞
詞壇正之

錫山弟秦國延特定草

沈庚藻

一通

復堂年譜伯大人尊右：月前寄上一函，諒已早登記室，舒述謝悃。尊函時尚謝祖葬之函矣。句貴邑年非中天大雷雨一刻，時水漲三寸，田苗豫然者中來，知得雨否？雪漁年伯自擬甚贊，曾中之耕聲及加弱矣。長者亦知之耕萬瀰諒。崇安。年譜姪制沈庚藻頓首。六月初八日

薛時雨　一通

仲脩、子虞、藍洲二位仁弟足下：久未致書，老懶之過，計邀

原諒。近惟

文祺均吉為欣。接閱浙江登科記，藍弟又復鎩羽，為之悶損。金陵榜出，物議譁然。江甯通府僅中二名，上元脫科，為亘古未有之事。書院諸生幾于全軍覆沒，士氣不揚，莫此為甚，抑亦長書院者之恥也。清涼片席，辭之再四，通國嘵嘵，不可遏抑。當道迫于公議，亦遂拚命挽留，其勢萬難走脫，然亦無謂甚矣。賤

躯殻健如昨，酒興亦尚不衰，惟鬚髮皓然，老景已摧在心中，空洞無物，不免有怨老傷貧之況，此則可為慶我者告耳。樞兒初次觀場，進詣尚淺，不足以言得失。種孫幸取優貢，鄙意不令朝考，家校必欲令去，只好隨與秋同行，此外更無伴，可偕寄來硃卷五十本，官場中的界劃單，其餘由三位賢弟斟酌致送同人中。硃卷如不敷分給，尚可作信向景卿找補也。餘不多贅。兄时雨頓首 十月十六日

程頌萬小傳

程頌萬字子大湖南寧鄉人以知縣累保至道員在湖廣總督張之洞幕府而特好為詩為之而工嘗言文章之道進程功積久而始近於古非可忘妄意速成也君乃端居多暇稱心而言吾身所值之境與事未嘗不藉文字以傳至於幽憂疾痛之辭亦惟冀心於文字之中及以與世相忘而不失乎古凡吾所為如是而已其詩境凡數變義寧陳三立謂其光緒辛丑以後之作謂能囊括宋賢佳境南海梁鼎芬亦許可傳頌萬則自謂古之人有未盡今之人有未喻者質於是焉發之不暇許計其傳與否也又臨桂况周頤以詞客來武昌頌萬又以詞相切劘一時詞宗王鵬運周頤之所得法也聞之而言曰子大詞清麗緜至取徑白石夢窗情真而直入溫韋得夢窗筆縱尚博詣以附益之宜其相得益彰矣

程頌萬　一通

復堂先生經席：客夏道出武昌，獲親

杖屨，闊河瑣尾，顛跂為勞，迄今未一奉

牋，不勝歉仄。時從越友藉啟

起居，伏承

邸聲清娛，

素韻豐勝，

開後學之津逮

偉儒林之丈人湖上
靈光駢映千里緬懷
榘教曷任欽遲頌萬橫覽以来舊學蕪
廢自公炑罷京兆試遂尓南轅佐粵東
學使校士之任江山文字一載於茲枯質
不雕鉛刀莫假重以積痺罕知所裁
乃嚮者荷

隆施於下交增聲華於
彤睞焦桐入座自叶宫商木偶飾觀被之
綺繡此則感頻年之結轖而應九炘之
豐鐘者耳　竊承
委題填譜圖幅書就轉　交陳君泊巖後
知此幅為其送者遺失不勝心咎茲以
圖恉告如皋顧君乞其重繪一幀謹題

拙

詞由徐仲可孝廉轉呈

執事借以自贖不知有當

尊意否外附呈近刻先户部兄行狀一冊拙作

十鞬詞一冊伏乞

不遺葑菲亦以準繩賓鴻左林

德音遐遠毋任捐腹企卬之至肅上恭啟

道安伏維亮詧　後學期程頌萬頓首

朱寶善

一通

感懷用子美同谷七歌體録呈

仲修詞伯仁兄大人誨政

男兒墮地何所爲親恩高比山崔巍畢生

涓滴近未報七尺無乃真行屍中夜念之

包羞立心孔叢集刀与錐嗚呼一歌兮歌方

始烏不反哺烏可死我昔髫年欠授讀

五經箋註要手録翻瓶瀉水親顏歡笑給

棗梨瓶盈掬萬卷讀破一無成三十將復
田場屋嗚呼二歌兮歌搶啞他日九原雖覿
面　男啼女哭增煩憂棄之遠作閩南游
三百蕃支嗷未飽樹樹妖鳥來啾啾麻鞋出
入刀山裏黃茅黑箐雨澆頭嗚呼三歌兮
歌更哀置身鋒鏑爲誰來癸丑會匪陷漳郡其匪衆至鼇浦
水田歲收租稅薄珠粒況遭河伯攫我未出門

恒苦飢出門〻戶〻更誰託瘦妻帶病強支
持醫藥無處竊靈藥鳴呼四歌兮歌聲
高失群哀雁聲嗷〻 生男雖亦死者五
德薄未應傲人父存者最小嘗孫看肺慕
鶵究奚補登高後頭殊茫〻安得旦夕啟訛
角鳴呼五歌兮歌向天寒衣索笑娛目前
廿年蹋躄牛馬走慣忍飢腸聽雷吼負重長

漢玉提梁

詰蘭室

驅邪敕辭但期象秣玉具厚而今側卧蓬蒿地翻身躑躅蒙塵垢鳴呼六歌兮歌酸辛悲鳴仰首望何人 此心託地方寸間百憂煎灼血斑斕生天成佛亦常事我猶無從叩九閽中塗騎屏不得下空持冷淚洗黏額鳴呼七歌兮歌欲斷青燈如豆以時旦

庚辰秋

櫻船弟半璜書和稿

姚鵬翁　一通

此碑係得之平陽土人耕地石出，土人不知愛惜，洪洞董雲舫太守（名麟，己酉拔貢，由刑部正郎分發河南，以京府用，現已歸道山矣）聞而購取，遣匠拓印以送此相好。弟家居時分得一紙，帶至皖中，為寅好所賞鑒，因函寄家鄉，多索數分送二知己，文座片光吉羽，久而大顯也。此等仲翁首名仁兄大人即轉鑒納是荷，此佈，愛照不宣。

午前膝病一節，弟已函告前途矣。

滄之友

愚弟姚鵬翁頓首

方宗誠小傳

方宗誠字存之安徽桐城人少而恍恂勤學講明有宋程朱之書三十以後東南兵起乃修魯谼山中柏堂避地讀書不輟學者稱柏堂先生湘鄉曾國藩以兩江總督駐安慶聞而禮之及國藩移督直隸疏辟人才以縣令徵既而合肥李鴻章代國藩奏授棗強同治十年二月之官年五十四矣光緒六年以大計卓異當赴吏部引見遽乞告歸豐頤修髯發聲若鐘談笑必傳經義歸田五年物望崇異安徽巡撫陳彝嘗過從問政十三年學使貴恒奏奉俞旨以在籍前直隸棗強縣知縣方宗誠學行矜式賞五品卿銜然矜情飾貌而中奸利後生以為口實其鄉人張祖翼撰清朝野記尤極譏之

方宗誠

一通

仲翁老父臺大人左右：前承
召飲園亭，飫聞
大教，醉酒飽德，何日忘之。拙文承足[illegible]現[illegible]安直肆，
竟以誇言保許，拙稿能筆代庸俗，情緒
刻成長洲大令金[illegible]，請送紙來，即印到江蘇
書局。金君書局稿與丕同[illegible][illegible]，且直達意也，並祈留
一部送上，祈
[illegible]以便刻成，此後轉[illegible]。誠
老友鄧受之石先

先生子也（石如完白先生之字以路爲名）本安先生四世單傳人
丁孤弱惟當時名人無逾于完白先生者愛之
與曾文正在中營甚洽去冬年八十二卒于安慶
通志局無子僅遺孤孫一丁年幼純自成讀
說文小學時文試帖小楷大楷每往祁學使
拔入縣學其才大可造就名藝孫字繩侯
念其孤苦又爲名德之後凡故人之孫常與學師
唐子琢先生款暑之宗有祖每年延為一

竊每歎邇年二十以學子息性極安厚溫雅
宗傳數難之膺分而已乃人心風俗薄惡
異常伊古來宗名法孔者出外教世宗中
並無業產亦皆不能畢竟自食其學之子母子亦
家無產業謝而生之者年舊友西洋
乃為萬館伏豬之區坊凡因產兄法孔
漂流在外常令之歸飯在之文字為市在
外產無異隻身受之限設姊其宗其文歷者

常喚其叔蘇翁，蘇翁祖母年八十外，悵歎翁
孤弱，受雜人之害，復雜人借詳快焉。之三
歎。洎矣已數百天。今年，蘇翁雜母辛（完白子婦）
多匯又守行合法，紀節一婦人，詳開表
無其報係之意，加賀其孤守之，翁其能長劉
號而多匯，護之法紀未竟之害，在外措一婦
人冒孫其妻歸于晏，雜甚矣，之何以
在完白先生翁婦孫氏少年守節，被其姑

浚也城中藝林亦開展械宮虔受大害
而宗中女婿小女偶然為其識不知其妄如所云因
唐子瑤先生及邑正士壽康方正王吉行人告示
閣下言為喋息伏念
老姊夫大人培養至穀保全名德之宗陵還安之山
撫孫扶孙來館諸孫孫長至女外婿來嚴整
亦經其積力保無虞實為修便手兩和佳
升安者信之羅使計　原如　許下方字斌頓首

方守彝小傳

方守彝字倫叔號賁初又號清一老人宗誠子也少從父學遭亂轉從山中年飢困不得食然未嘗一日廢學也隨父官棗彊彊嘗為辨祔祧議見賞於保定蓮池書院、長武昌張裕釗顧好為詩為之至勤自世所尊唐宋以來杜甫白居易韓愈李商隱梅堯臣蘇軾黃庭堅陳師道諸家靡不涵茹錯綜香山宛陵尤所諷玩然絕去模襲掞藻驅瀾資學內涵巧力既極乃以拙勝取徑造格高迥處孤騫晚年寫定曰網舊聞齋調刁集凡二十卷又工尺牘書法自然臻古所寫詩箋與人書得者爭藏弆裝池亦時作書應人求請不拒也始為父刊柏堂集字畫一準說文既又集諸家評選為柏堂文集後錄並為文闡揚繫於後而請同縣姚永槩序之柏堂之學於是益顯

右錄潘田方賁初先生墓誌

方守彝　一通

仲脩老伯大人座右：五月廿八日宗屏丈人轉致

書函，伏承

揭揚絶學，撰次先大夫生平成金石文字一首，俾不孝孫

等刊之墓道，昭示後來，稽首向讀，感切涕零。

老伯大人博聞通德，久負南州文章之望，前者宰官皖

中，先大夫輟耕宦交，生前投謏引重逾常，不幸即世，

守彝等至愚不肖，仰蒙

矜念故人子弟頑不屏絶，且時

賜存問益使得遂其先人身後不朽之求
盛德所加匪言語所能報也金壇强先生汝詢榮城孫先
生葆田與宗屏丈人皆深知先大夫者强先生宗屏丈人各
為傳孫先生則為銘幽之文諸公皆昌黎廬陵文體至
老伯大人則中郎撰有道之碑彌為近古海内久不見此手筆
矣中間叙列在官振教扶倫嚴祀事訪遺書當官之政不
束文法與中歲出遊舟車萬里再登泰山告歸後遊匡廬上
灊嶽輒有詩文託意高遠為所學之見端篤於師友輯最先

哲經訓文辭至老不倦凡此犖犖大旨諸公所未及
作者纂要勾元獨見精采千百吾下讀斯文者猶得於語言文
字間想象先人志量意度低徊不置此文家上乘禪也著錄
書目紀於石陰諸篇傳故有此例然宗屏丈人言仍如
圅內所云撮敘大者入於篇尾要之文章足貴金石何嘗有足
例耶
寄到寫本題曰墓志銘 守彝竊思孫先生既已志墓
老伯之作即仿中郎陳太邱郭有道二文之例題曰墓碑體高

而例尤古非
大文不足以當之意
老伯宜亦爲然也
撰杖秋間果可再過皖上置酒高會一慰故縣士民之思守彝
等迎拜稽首願執鞭也不然亦擬兄弟往江漢之間登
講堂拜
公床下也日昨始自先人厝所回城肅謝久稽惶恐敬問
起居曼福伏希鑒詧
世愚姪方守彝仝弟獻彝頓首百拜
六月廿四

沈祖憲 一通

雲臺二哥議堂大人閣下：倏變西邦，罕通音敬。十六日聞 府主開缺、數瘉之信，曠觀時局，息心如焚。廿三日得仲深兄函，悉執事未隨芸南行。仲遠函來，知 府主暫寓衛輝。弛系依無之忱，無時或釋。九門風雪，現在歲闌，家惟集祜福，門函為念。祝昔司馬溫公居洛，以邵康節諸人為友，詩豪酒戶，聚天下觀聽，及入都復相

擁馬足去數弟人今古晦明進退之理惟在此
常變之耳咸同之際曾文正手握重兵
朝廷每加恩典極力辭讓至有毋加再恩於臣門之
奏而將忌者猶不相容此時 府主替安綠野以息
羣喙正聖人明哲保身之指伏望
執事與
翁卷先還至接物命照讀澤尋常寓從少占
深談 國運中興鳳麟再見循環物理千古

不爽也。弟偃蹇一官，為貧而仕，亟盼稍積千金，在蘇趙陳衛之間鄉中覓屋數椽，買地半頃，半耕半讀，以了殘年。北直鄉居易，瓦房十椽僅二三百金，再以千金求田百畝，紅薯稑子蕎麥高粱，一年豈啻混飽。弟蓄之已熟，特未知命運如何也。新正到保，即擬赴衛輝請安，再亟郡中暢敘數日。此間荒儉，如同塞外，官同嗇夫亭長，家則蔬食布衣。到任七月，幸無虧累，堪以告

慰
勉堂大姊昆玉返滬聞東山遺老已往衛輯
均深繫念　仲深爲不世之才倘投身政界必能爲
仲由之捍圉杏壇者歟
勸勉彈冠勿作三泖五湖之想若夫則十年以
來但有灰心兩字而已公暇讀雜詩諗怡數百字
以懺儂生之夙慧媿愓
一笑肅布敬請
勛安千萬保練
世小弟沈祖憲拜上　廿八日

青木宣純　一通

安久之氣象嚴凝百物盡潤澤況際語陰間風雲修天地樞垣有賢相憂國運太和優詔答真臥恩綸賜養痾非才感知音旌節駐馬域憮然復何言哉詩寄相憶勸君加餐最珍重莫愁群議暫沸騰時清或許萬士邀機熟豈無安車徵君不見蟄龍竟非池中物尺蠖欲伸先大屈

愚友

朱日來宣純 拜草

春安

李宮保大人侍右

即請

楊度

一通

夫子大人鈞鑒：前門送別之狀，時時在人心目。兩年以來，常聞
優游田畝，
頤養康娛，時以爲祝。近年內政外交之事，皆以敷衍延宕，頽壞於無形之中。吾
師所有布置之方，大皆掃蕩無餘，基礎盡失

迨今情見勢絀，雖有智勇之士，已不能收拾殘棋

支此危局。此時社會思想，多視吾

師復出以爲安石，不出如蒼生何。是此理固然，亦度

之所禱祝者也。然度又以爲方今

朝廷未欲辦事，決無誠心求人之事，即或偶因一時之

危而起思舊之念，降

旨白用終屬勉強及其既出而疑忌排擠又復隨之權則在較前為輕事則較前為難社會之責望較前為重朝責之傾軋較前為甚而朝廷之倚重遠不如昔其結果必至一事不辦稍一展動一身已不自安惟敷衍苟容則無不可是決非吾師所能者也度以為吾

師出山過遲則中國愈不可救若出山過早非在國事
敗壞不可收拾之日則權終不屬雖出而無益也度因
微聞近日朝議因日俄協約已成有請起用吾
師之說其事確否度未深知設真有之則度以為非
朝廷迫切求人之時猶宜是吾
師優游養望之日也　度固知吾

師內審國情外觀世局一身進退無假人言而度則
以吾
師閔憂至切平生知己之感不敢復以客氣相將聊攄
鄙懷冒昧陳瀆伏乞
裁省恕其愚直為幸　度
自吾
師還里以後浮沈半載遂亦南歸續假辭差兩

不見允蓋欲以此羈縻表示天下謂國家非無心於憲政耳
度因在野無所事事聊復應之今春入京過漢乃無
端幾遭不測其實張文襄借款之事度一字未與聞社
會亦未反對及張薨後而反對大起當時與議者之人
且有從而附和者　度惟不肯於張既薨乃為反對遂
明目張膽以抑浮言竟至以身試險社會之程度人

心之傾險於此亦增閱歷然賦性愚拙如此宜其所如之不合也至京以後蒿目時艱無可与語加以素性拙於營求升補兼差一切均無可望不久仍當舍此以去今大局既已如此一身得失其細已甚實不足論也惟今春滿擬於入京之頃趨候起居藉陳別緒乃因漢口之阨鄂省官場以舟載我

送赴江輪未能遵陸入舟京遂至阻我良覿至京與
雲臺兄約同赴彰德一行以天漸炎酷遷延未果當
俟稍涼再行夙願別緩兩載所懷萬端畧布區區
不盡萬一肅此敬請
鈞安伏維
垂鑒不備　受業楊度謹上
六月二十日

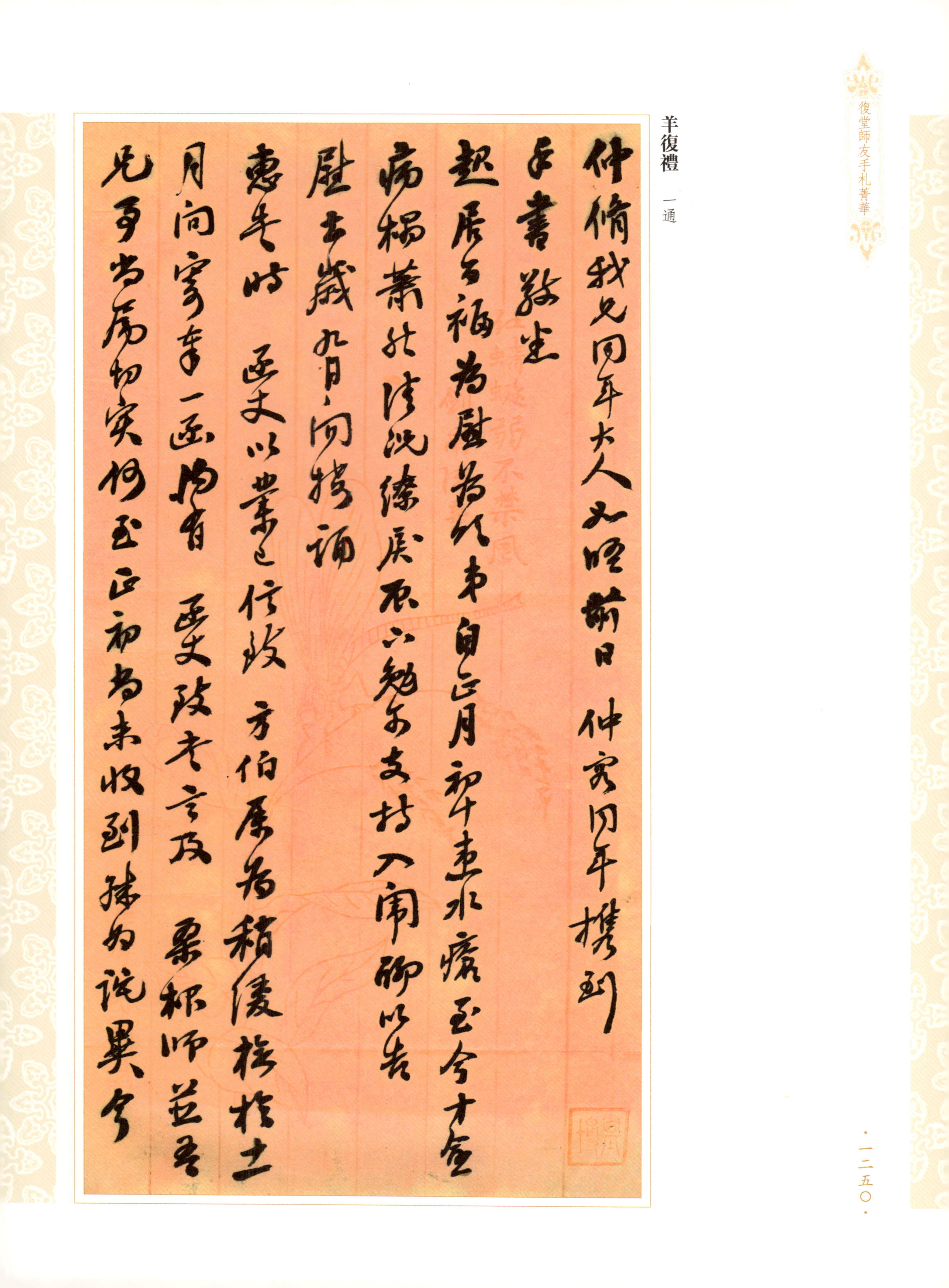

羊復禮

一通

仲修賢弟足下

鈞書爲病甫似痛蹉屬的 仲容亦未見過 琴西師

當生由錄亦不能刻日更屆闈期 函丈定於三月洪胃初旬四序記

科試順屬諸子叢雜 而雲妃卿逵蕭子琴諸只均到

同年中未來者甚刻日尚不得其人 南闈已畢牛峯

同知錢曾閣年 慶雲亦會試已分發廣東咨日啟行

藍洲近有信來 平雲已帶着四杭 止潛信循雲畬已到 也擬

如府用功 春秋兩稚審御史等候亦如舊 鳳洲併子

清北行出來到都中，十年無雪，今春有雪無雨，北地鄉有荒象，政府外似精勤，實無裨益，拜年來隨一味頹從，揣為松厚，今以安使又為該審所得，標謂甚厚矣。令孫英出乎其類，拔乎其萃，不負於先森。又此卽日未行，可人至行年，恩何為去公毋之耶？已行閩臣鶴亭所假起程為來何還，日來世道不及多談，枉顧作此牋續，敬賀年弟新禧。

映老人如姊閣下 覽從祉

百花日 沖於滬上元度

蔡子鼎 四通

復堂我兄左右：十八日當布一緘，奉詢
近狀，並乞
賜寄澗墨，計已早達
簽室。至今未接
還示，深為系念。遥想
起居豐以適，
潭第綏安，如祝為慰。江南樗叢

擾閱披羅君宿不少不止拔十得五豈
又華果有價耶前所說收得吾
兄手斠董子春秋云貴君亦在其中其人名
念慈號君直又號西蠡武進人家居吳
門也
董子係孝拱書面似不可不取回
若兄將託人往取以便校勘也以弟到以后
後連日為黃院卷所困至今未打發

清楚居信至二十拾四日來不免又有
歷後生活是以書畫債堆積滿案
唯未能還
老兄讌詞畫少暇即動筆也先請
著安諸希
詢悉風便當寄
復我數行爲盼

小弟劉□頓首
十七燈下泐

仲儀我兄如手：三月中由湖郡縣抵得誦
賜翰，聆悉種切。藉審
旅祺曼福為慰。蘊垣一席，從是極好機緣，不過討好即不易
擺脱耳。然亦秋出過分房，借此賞又精勤也。弟茲上之局，真同
嚼蠟，緣居停竟是氣悶性斎，一路初州所料，是以于中亦無一
人稍稍延脱，然雖不事甚補，而向不及餘，加以起居欠佳，無一可，只是
以此番回來，轉即不甚雖自知我輩瘦氣不好，然亦實在難
受也。刻間湘局開考，聆識昨有函來相促，囑為襄校，者阿

堵西上仍未得一行再混幾時五月底定必辭歸仍往邀取

皋園

再抱佛脚也時世如此堪即如願而債亦有來不及云騖且日已將

夕禮邀書過如求其并未趕身得能趕進城門也言之羞人昏

先世輩現已若難我可趕進此須努力向前極早加意為要耳

去歲一年及今年一妻兩路行商生意以及兩項手藝無不折賣川償

我也直無人買去大半虧於轎開耳民窮財盡已可概見如人病歡

瘧雖脫去起居如常兩中已去之一經脫去堪痕雷不及掩耳也受此先

業不如明眼人已知早作退步無如親輩雖深知之而無年兵舉猶

世將身混嘴真不知作何了結也皋園之事大約已有所聞現在尺

頌雅已定，從先得多味耳。嶠特託伯循畫扇刻字，塵乞

拾取薦忠寺碑石刻，有來者拓字甚好，惜皆無額，是以未取，弗以為念。

年來者必多，姑待以求全璧也。且李君瑞據云去秋自要至窯自

一行，彼時定當仍赴。

尊賢三闕極有精者，惟開母從前未拓之處為可惜耳。太室闕外尚

有一横，額篆直行，八分篆字隱約可辨者五十餘字，內有穎川太守及孔

子大聖乃中嶽等字，皆連屬可認，此闕仍是舊名也。

先為經營，明便時望。

示知為荷。石刻近出者竟已寥寥，去年覺子德曾有二件，皆與

許錢山些：一為麃孝禹闕，約高四尺許，闊二尺許，係何年間物，
有小字，註云同治八年出土，現在石已不知藏于何處，此拓不知是
兄已得否。再有一件係一橫石，約四尺許，高二尺，光景前半畫一麻，是匹庵
書欵角崭然，生氣勃勃，迥非所見兄漢畫象可比，（沈闕上畫金烏，亦皆惜往昔未拓。）是大有筆墨氣，須題隸書
云漢共六將，蓋東蕃李夫人靈第之門等字，完好如新。云此刻在蘭山微
海墓闕中，須派人洞前去拓，得且云拓時尺吳前冲出，是以不
敢往拓。此二件亦未知是
兄有否？讀牛有參諸究中道者，可惜昕惠，頃動身
起程後也，賜函仍寄孫宅間可也。草此奉，不盡言，照請
著安，諸希
照鑑，不具。小弟穀叩
浴佛前一日燈下

中儀老哥青及四月下旬接

手書誦悉壹是藉諗

起居佳勝公私順適為慰三月中奉布寸椷坿竹紙寄

塵詧已早達

箴閱麃孝禹石闕是同治八年出土竟是西漢之物閱見藏

汜水某氏已屬李碑客設法往拓不知能來否前信所說

廿八將苗東藩琴亭侯李夫人墓內畫篆題字係在平

邑見方以來跋語幾遍檢輿地書北地並無此縣名大約

其墓在山東瀕海之地得跋語中曰海濤退後始可進穴
模拓因墓中有異氣沖出遂不敢再拓云云拓本横長四尺光
景有尺半高畫象之妙乃與沈闕上方所刻朱鳥同一路數此僅
一味古拙也此二拓本去年覓于維揚來售於許鏤山明府價
在十元之景此外未之見也今年所來龍門下四種造象已經用
木板翻刻即如牛橛北海王兩種亦有可疑者美人董氏志亦有
翻者殊乏精采者矣崇原石均將毀壞矣恐此後無真廬
山面目也華嚴寺拓本甚精買來覺佳要碑頗得來甚不

易翊濮治章寶之

拾入為首

閣下在皖有差，新得之品額，聯抵掌如書宮易權，抵此貽

我一二張為聯秋閣分檢之役，想必定借重同

議春印於是時積往金陵，候閣下回赴皖中，此策甚善。弟

差上之館，至今尚未辭斷。現在國記同事唐代於月初回杭，從此

地位屈某不能，退處邊陽，況有西太，小且不過，以尋常師爺

相待，故大不願，意欲大約閣下不喜言之公，居多佛腳之年竟

其一抱以賠一事已不齒在九霄雲外矣總之同歸於盡均不能先嘆此若此恆農回家後亦未見過萬閣其行為月極恐亦未必能用功也四月滎陽往赴北闈由早道入都與之同行且許一路代應以資弟素有此志而今歲尤是攛掇極以弟自問實無一文不能依傍此是以不果殊悵恨也子因改官一事身已入都而教官狀子須妥清楚是以至今未能上呈現在代為在本籍呈請開缺須候還鄉到部方可投捐此局早在我輩意料之中良由伊不早託我們言耳松溪之事亦已有所聞朋友與家人通同舞

汪云琅琊二公且聞有汾陽吳在

向來知果否
契從來所有之奇哉！其江左風氣向來如此，少梅從未通問。兩友一申進士，就從此詞鋒矣。弟常作用度日增，現在尚賭兩局，且漸不可支，將來正不知作何光景也。畢園寓居與友約不往住。今年換了一批，如許子祥、蓋子恩、戴六先生之類，皆移住局中。大約因去年擬留之故，真可笑也。希庵四月歸去，當我來杭，探梅嵩閣，亦得躑躅。弟即回杭州，亦是寄居寓，頗復藝芸人。大先生趣人，到中年便覺索索無味耳。梅花將黃不絕，又要逐隊作傀儡，苦長貽財，莫此為甚。又須作一歸去也。此張

城陸氏守先閣藏書及金石拓本之富幾為兩浙之冠
日宋樓書撰甚多居室一切均極精究前年未五十已是
隱遊御史向甚不知是日福氣如情未見過其人緣弟在湖
不久且不與人往還故耳草此敬請
冊安謹示
頌無不知　小弟　頓首安

六月十七日

仲儀仁兄大人閣下：[illegible]日接

手教，祗悉

注存，感同此之。弟自九月初旋閩，即擬(?)脩書奉達，一切緣一年生危之事，[illegible]滿紙牢

[illegible]，殊厭人聽聞，故提筆而復止者數矣。今夏長安之行，本是意想天開，奚(?)中(?)古(?)亦(?)因

彼八兩番力邀，去歲游行不果，今年事事與(?)之，歉(?)側(?)方(?)揣(?)摩(?)，趑趄，原想借彼一力別

開生面，而且易矣。得兩度北地逗(?)留(?)，偕(?)此歐(?)生意場中許爲通挪，是以方敢前去，不料出

門上路過者，先蒙同行，若已言行不符，彼時已有悔心，然(?)礙有(?)自己之路，可待(?)及至鄰(?)滬(?)，

適值鬼事大亂，人心惶惶，生意停而不做，鄉(?)於本鄉(?)，共兩度鄰(?)黃(?)，是以寓(?)適(?)不得稍爲

動定而於彼人文勢不能分開得無世運耶不知究竟於我族類事事酸而且土彼所爲閣
者不過治之已矣地保敷衍四月出奇自不敢以露流算難爲我舍思此事事之複共擁羣擊
瑞不能筆述思都之情淚下是以決計出場即去於八月首出都由福州於九月初五日抵
杭幸往返平安若託天幸而已彼人亟亟省留都中近聞已花去二千金措得史
都同事矣弟出蕃之行真已出四白轉且事事都未領略殊可笑也世未云不笑受
人之惡心上總是一筆帳究於厥緒始而并不敢饒繼稍間則便坡也且説金石安忘竟
無人識始得一孫竟江然亦是半疏略不過有是同道積習難除偶爾爲之至七月間
始覆得季文人卷內及高湛劉讓兩志外弟所未有無零之件而已季文人前

年許錢山向覓子謹買，係洋六元，云已不復再有，及至京師，富華有而價昂。弟所得係十五年時（其時到只一月）邢郎要尋一二紙，均有賓因等錢，而且被人亦要買了，貴亦鑒動負拓本以買亦須擣地甚為不便。高湛近時拓處甚精好，竟似南朝子猶諸碑路數（弟以為高湛挺秀如十三行，爨龍顏似王僧虔，惜是翻刻），真正奇絕。弟買係八元，其劉人有四五元買者，似尚容易。劉聽去年覓子謹（但弟出京時，被人三元出三十元買之，誠如此難，誰辛石難）賣與錢山，係洋五元，復子謹到上海翻刻一紙（李宣將志亦翻刻），甚多，以至廉價本充塞南北京城，買者亦是此種。弟見許貞幹亦係新拓本，不知何以讀不得來（聞石在山西太谷）。弟京中所得係舊拓雅本頗精，然去今已三十年矣。此種真者頗不易，然書法終不如李超之遒（南邊亦當易得此，尤當多方留心看何處有之）。高湛諸石與他為類者尚有李憲墓石，較大，字大小相勒，亦精好，亦是去年

新出未值賤（弟去年向子谅仍購一元，現在可以半元矣）不甚不知否

兄處已有否？此外去一處陵縣新出之王偃志，亦屬東魏，字亦相類，南北收藏家

諸有矣。兄已得君王僧志，多拓皆無處書，禹在鄉中曾見二紙，行大約從須

二兩先索。弟看了該碑字體，是以未買。得此種剝蝕題跋如沈匯高諸

香濤先生若在川中訪刻者必精拓者，兄何不作函相索

闌均有翻本也。弟出來後，要想托人代購，鄉無人可託，惟有孫竟江神義

大有假販子充索。弟不好託他，於因彼人見寓伊宅中，我一要買，猶必先尊買

去矣。此啟

伊係富山西街，現在此與其憲託他，如實地說出，必須先帶至去公事友人之便，大可實也

兄要買，大可託他，如李夫人處，若有高價，宜以華與聚古堂尊價寄

三字均可覓其價,竟說未在京同他同買過,但不至於過貴也。以節未盡

本曾甚已得,再得有隋河東郡首山舍利塔碑,楷法甚挺,聽說是舊拓,惜

墨色太淡,僅有影而已。前有濃墨精拓,則獨不可得矣。又得萋行本紀

功碑,三氏之藏拓甚殘損,上下不全,價亦不昂(初見)。甚為好看,且筆法古

拙,吳帝氣韻,法極佳,時未及裱者,到後即付潢治裱,好細接文詞竟

有不成字者,可問一背方知(描的印去拓大晉時把此貴匠價的)。全碑拓過三張一樣,即此誤處皆同(其地遺角拓到甚微不至)。因

悟到此碑與裴岑皆在巴里坤哈密地方,此碑前人曾有拓失,

此方是真本之說,此碑亦然,想是後來習氣,但原本之拓從

是當時出塞詩大卷帶歸，投擲在一夜火燬，損闕卻同也。吾民不知有古種碑，此未備。弟尚有一帖已托好手以寫贈，雖經描（一段中已送西伯矣）失智慘矣。了揭整篆額甚古也。再在京時聞富華主人云山東新出一漢碑，碑陰亦未見過。及至回杭，帖賈以此拓來，係陽嘉二年所刻者，價洋乙元。得之，惜僅一副，伊亦不知所來。剎將原文錄呈，請為考訂最妙。後日如再有，請兄查代為買一份寄下也。弟現處杭州，不獲多一見，後之人即要借書查々，遠史書都無處借，其正孤陋極矣。在京新購多極山碑、湯濤吳帝史碑，惟精釋載有全文，顧乞告。

兄惠錄代錄陽湖兩通全文始寫竟即一校讀也幸勿我卻千禱〻萃

園張自所見天官疏將年當濟前述一年此其蕭想不到之事大約天

可憐也蕭此兩相成方此也茲可以告慰

吳征並弟史有貧窘者

兄前次詢者弟所問面奏提過將年又是安據書局中安事不少

弟想起出一節我並說明要辭不去蕭以弟亦可借此刪書且

可為將來地我能使偉濟兩要好過年中正事實在不減

事將大半於務一切笑話甚多即有一二稍向行者又不肯任常

照如情兄

兄從前一番苦心想尊翁亦未必同心到此也吾

兄能爲我將心事說項謂加保舉我若可以撞得到手也弟連年

東撞西磕從此家累日重一日僅有舉園實在不能敷衍下去

每年從要鄭其運氣固實在不好路頭亦實在沒有吾

兄尚能爲我以著力轉圜留心爲禱北漕今氣象去秋七屬皆稍清實

頗有轉機所以弟仰此望也不料運氣不好的人真所謂萬來不磕歡

角紙來磕即裂偏偏六年遇著這種主司這種題目而擋起

之寬白近科浙江甚不多々科北是真未免笑話矣弟是局
中人原不應說出明眼人意為我嘆節家也子固官已勉強做功
名弟同出京々々時已不若一錢到津就病是以為伊耽閣四日及至
上海即先回杭伊一病幾死々才好重將萬山閣明日動身到江西省然
一事無成且指頭尚只入三年也不濟秋亦一同出京窮到家了
因不得詞林顏則此不中進士還和青上海到今洋同前月可
還全椒把照殊不好入已擬廓金年時文以楷體駢文撤已空
此面目如不是他自己把我看竟不知是他手筆真正可怕

實在了不得。弟從此不衷再過，愧於節中，想是無分矣。不過一着出路，寧未必要活不成功，壽何？玉珊同儕於前月中因出緣起，江右尋劉仲良中丞，說法美，知與出來，恆帶回杭，弟便見過一次，佛云不可說不可說，目下如之何之何。雖接訊書，聊以識面，容再續陳，即請升安，並頌閣潭均吉。愚小弟[illegible]印

此信切勿與外人見，因有含糊言語，恐付說也。弟此知己如閣下，別人前從未一提過。初三日燈下

署事之說無論無此力量，而且過來一年中不過數缺，並且無此受州官。

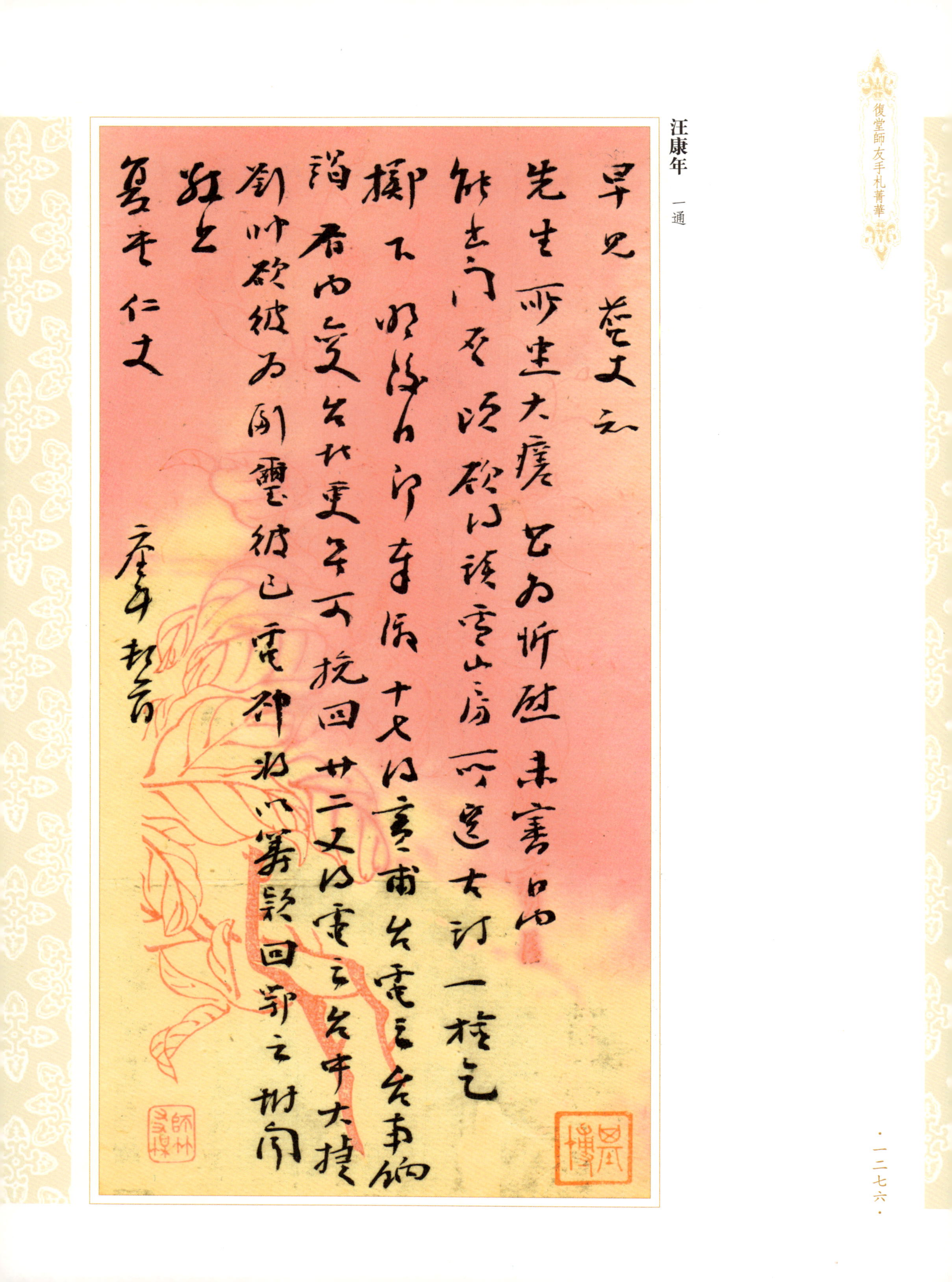

汪康年　一通

□□□ 二通

復堂尊兄我師有道前月中接
手教具譚 言旋言歸而不知其期識欣識慰彌益悵
想去冬又有 書來無常云云及叢用集付又擬在鄂寫
校云云則不知 台從行蹤何處當信到今已閱四旬能
否家食冬初再以達游者念應已自 還家後倦倦
無師天天相從以無太甚或謂屋運使鉦相定古有其
衙未可携置返後卜鄰何所抑仍寓鄂耶子長弟一分所
能惟楷書尚入極等
兄端而薦之使以從事館局且在志局可以日親 賢士大
夫何幸如之藏鋼署既豈蒙 先資於西丈度湖局後不
至虛望前聞妹婿李楠叢編修說曾於廠肆以宋會要寫
本其紙邊魚尾刊全唐文蓋寫者殊自矜秘而李賈遂真以

為全唐文之殘本底稿也楠農狂喜攜歸置案頭為為隆徵
俯獲古追之不及後知以事函丈其時尚在粵東謂可收刊播刻
特為慰幸從閱攜之鄂往前年贊佽之寧志幸以是不謬與時
出在讀予某某即付梓否則尚遷延也詢之佽俯可煩從者見
人代鈔一部筆資紙張若干亦總切盼之古歲友人攜到江氏本
實類苑精鈔本甚多潤文便後當易不能竊比同門查冀甫
者屢借自東海攜有南宋刻本一字不潤將無令據事訪鈔本患
豪以購之借刻本補足之誠大快事楠農用一套尊意本收寄上
今寄上教處各本數言作樣也並此板式寫刊其贊於板
別情就近向然仲世兄擲取鄂刻亦知寄字年來病甚無日不
呻吟偃臥者足用是代校讐並略題跋兼自覺拒說文校讐之以
無填篆為予亦無精力財力應付之為未上板倘可賜校寫以寫本
寄上刻贊同上籌理何如豪顧出餘刻近付刻未議將時來閱師似
記三冊想早 呈覽便求先 寄下渴望之至並候道履 萬安不一
筵丈七十壽初未聞知以信往探知在肯(?)素莫無寄勸也

辛小子朔頓首
八月廿六日

復堂仁兄同年執事：前日手復並一丁，速日余風濤屢想，亦有　閑時局不堪問，亦不卜何處可樂。去黃岩事能了了否？此間為弟靜叔處有上海新設書塾，見招撫州往蘇，以就醫過唗觀氏書籍，俾此時歸彥。

尊處亦未必無有。清輝或先將稿寄至上海北市泥城橋許宅內張子蕳代收轉交，或寫存鄙處亦可。因今擬由杜滬處居，未能預定地處。戊說文昨得觀。士滬上來信附到女兄家信，精力不稱，詞了不平。此實欲還延之。若昨已復，以後自帶送叔處寫樣本存，而著述堂閑暇本原稿亦對照撫填寫。以其中多有析點，登言之而篆亦諸體，閑有別體，此鄙行誌必從遠寫。信義類之此精閑風對詳實為之。薪金所擬，諒本當大有會面，施諮世之說，聊信然。歎羨不盡，即請

著安。顧寄年小弟烟生頓首　十月十八日

前去詢諸兄名字，今寫係：長子承祜，字俶萊，（娶錫氏，其後嗣也）一人而子生而未許字。次子承宗，字蘭侯，（出嗣大伯母弟）號士本，庚辰生，聘湖州曾氏。三子承寬，字威伯，號稼君，癸未生，聘諸氏，遴菊同年之女。四子承憲，（出嗣孟繡書應弟）字徹子，號鑑仰石，戊生，聘施樹蒋氏五子。承寀，字彀男，（先五伯節季墨妣取以為字）號墨又號饒思，己丑生，聘德清戚氏。亦女小名鳳，壬辰生，未許字。文郎及姪亦望諸示。

□□□　一通

成子雯人以其積帳間飛來源源雪崖峒深雲有莽臥山泽水所生也有三潭其深無底萬店西
五里為瓦亭峽山勢益合不氣陰森幽疑無路至則兩壁如門僅容一軌急流奔突而來似與人
爭道其或履茅橋踏累石以蹐之或陟峻坂摩崖坡以趨之倫涉艱隆不寒而慄又十里為清水
溝渡泊之自右而東則涇河到也又十里為瓦亭鎮即瓦亭關隗囂依此守瓦亭右當宋相與
於瓦亭宋吳玠與金戰于瓦亭皆此地十五里六盤山六盤為隴山最高處盤折而上路極險峻出白
頂戒僕人到山頂下騎庶免傾跌然山上白雲瀰漫手足難見六盤多雨今日且不易遇也至林麓大雨如注
余屬余面過山上泥淖扶杖而下既下騎苦余行足登之高支語急上山頃刻過山水人多為安者深沒足
不得已策馬上山至山半雨漸小過此嵐樹鮮翠明清奇花燦爛深紅嵐腹白雲環山腰如帶萬
人馬沖雲而過益足以不見人至山巔下望一白無際如浮大海中下山路益陸續不絕呼以發馬使
不失足也上下三十里抵瓦山麓下山相與生食已以勝俱疲矣又十里為隆德縣未至城三四里天又大雨
冒雨進城隆德最壞城內外無居人城先後僅存大師募民開墾居以邪從旅暴時居之往滿至城西
的一破屋有土炕主僕蹲踞其上炕盡即黎為飢寒交迫無計可施中掏炒米吞之衣被盡濕和
不能寐明日天又雨不能行屋漏不止如敗驢炕上亦滿炕泥馬亦往炕上炕窒人畜共為囊坐擁衾
叢臥飛龍掬有如此之窘迫中一小地獄也初七日天晴路稍平坦策馬疾馳九十里至靜寧州日暮走中醃
而流之精神復人形靜寧州守生黃術市書閱五題為軍營精選而局均往此休息數日令同鄉同寓居

好在家安全之業十二日撥軍營來赴程李甚重每日必行四五十里出靜甯即山行或坡或峽然陟降不時登車上坡必

以後來之馬駕前來五六馬併力方上更五夫助其下坡必用胡木明輪扶行傍不得快人不能坐車上步行至

壽多深坑下臨千丈步行者又不能當道與車爭不及避也其世書之道大都如此險 一下連數日亦係山路皆極高極

十七日發自西鞏驛風亦高頡十一所已安定黃山名青嵐山之上多小洞即鳥鼠同穴也 十八日多見 爵帥乘間與

江情形甚悉并論陝甘今昔情形移甘省生十九漸遷漸入楊業數二十撤入城外大營 楊東季營帳中 爵帥亦

住營帳之甚寬敞雨亦不漏每日三飯皆大米乾飯菜亦不甚好 爵帥准于七月望間返駐省城隨節至蘭甘

省四單以金積堡河州兩處爲最險因金積於九年冬攻後河州今春收後渠魁已化就已誅戮或誅或撫之其已不爲

患猶要番現西甯已就撫惟肅州賊尚負隅甘涼山險雲尚有黑賊未勦一下肅州不難蕭清矣 爵帥定于西征俟甘兩

省十九摩編 爵帥且剿且撫步步爲營去年靜甯金甯一帶山路要多賊巢現已無大股之賊 撫輯流山叢待

甘省小民謀生之計無不極艱難而小民向有百姓大戶挨去二戶左家三戶之語 年六十一而猶須一七歲

精神矍鑠治軍事能連數日不寐真是天生偉人爲遠民性命安其地極寒大伏中夜須綿被雨後即須綿襦皮裘

中午炎熱異之極要買一皮襖不可得一物無之極貴 到蘭後或能價廉 寒熱無時 只不可離棉衣云云 弟幸因

方老自子女婚嫁不得如此矍鑠竟能無事吾思爲以其年事見之覺自滿口發來共見三次一次精神一次皆甚康

可羨耶 子春來其月後當來再行起程遠道故了一處極寒一處極熱不可見人地位且如此所望柱駐

為雨請錄候讀安 蘭省約及 諸與方老者已安好即以此示之或則 中丞已有信寄州之即請

撰安 閣弟均福

年小弟孟存

八月初八日

□□□ 一通

仲公先生道長執事十七日奉初八日
惠書敬承
政履佳宜慰慰前所貢物殊不出色亟
盡友之惜其悅作假以時日當再復有所白耳鄜州景龍傳篤誠如
公言鄙意景龍若柱肥腫不獨讓鄜州妙在擬拙亦更渾秀二鐘能
集一合頓易可觀緣一開歐虞之先一是北碑之殿其前其後兩無能
而鄜州先景龍百年尤見交互升降之機也鄙人緊縮論秋先覃溪諸
澗收頗絕少丹邨赴鄉秦齋無過從者日以摩挲書帖為事惜

先生不得來此一觀米老袖中石耳　此間骨董破損者多贗製者少矣
銅錫則當問之楚之南北　磁器當問之婺源（近景德鎮）市間所陳遠不及
者憶之無可探擬承　詢附及焉
公有政公得民心可以操券笑褒貶二字則細人挂其唇上之說不可聞之
且亦斷無人敢向部人興謗者（下人在麇鄖部無能守法部人風患此病無之何）以丞二人去職也前所言之陶君係故世交並
范嘉堯中表無之親及名士氣偽承（其人貧而有守亦不僅於月薪之外多加以友人甚多之故）
（附去名單倘討得時記之）
該法一四五千文之乾脩幸甚　黃山長以年生未作客半月內奉上耳　敬請
大安不一　學生甸　廿日
府城無老饋日有使人似頗擇送出來

□□□ 一通

題曲園吉西士詩後

五洲競奇巧渾沌日彫斲先生閔世也志
欲近真樸辯哉滑稽語足摅九嬰魄方今
病膠柱新法起參錯兩任或材成器亦勢
蔽中原有本務安用縱橫畧異書壹載
來勝莫在農學大利勿外求強鄰仍就約
覽溪復中天嶽豪一滌濯巍巍康熙事無
豁因不講

濡毫南樓竟日杜門索居消磨已矣款玉照那堪七夢訊
經延兀自倚南樓相趁日出幾多悲黃華冷閑賦我瓊
瑤琰製這般新樣了 侍鬟淵悄逗花風暑招和小家
遇見飛迴波一面孫煙倚欄思肴 是日玉郎行過訪問 同年
春來翻闌參差雲霞孤鎖寄憑風雅詞人勸住小長亭 君出城送朱真但將長齋井
信 無悶 奉和
竹修仁兄同年賦寄紹卿正相 清弘和草

無名氏　一通

天氣未寒，弋鳧不多，命叔家銖〻積〻，得二斤，價千七百八十。加吉貝花五斤，速裝，彈功價一千，共二千七百八十，已代付訖。檢收是上。

復老先生

寄拜上　廿七日

鳧毳作褥更佳，還須代辦否。

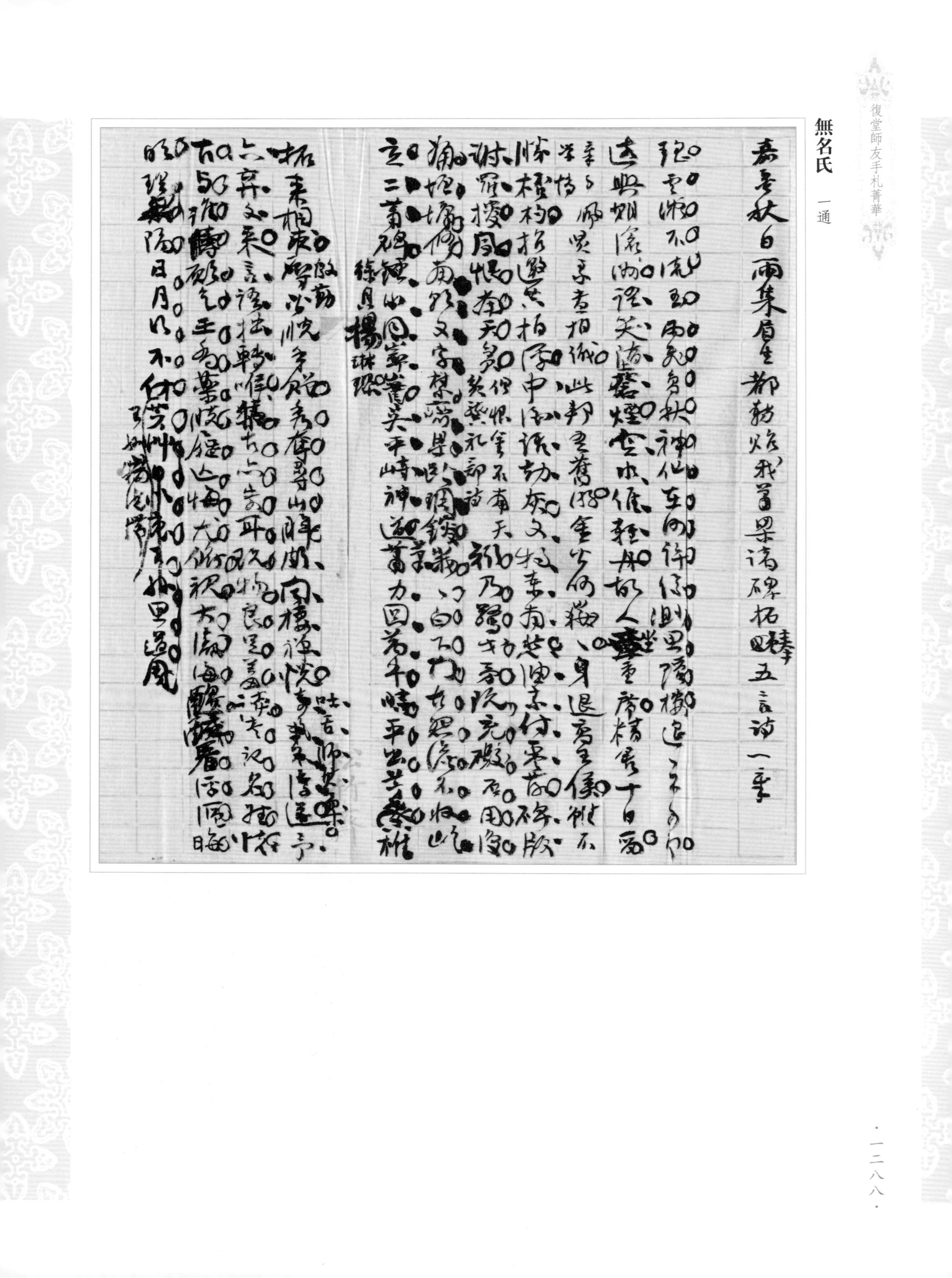

無名氏 一通

附録

朱陰培致秦賡彤

二通

丗善敬當刊諸卷肯以質海內而使論於後人亦有
知才力淺薄無從藉光不堪翻稿當因循至今矣
所寫意及吾身而定以趙陀積年撰著年月
兩京而後漢魏唐宋祇有八家操筆為文設云似某似某
者誰耶亦近學文無友可問下筆之法遂棄而學
哉謂人曰書今之隸文古之奴學隸不就吾甘為奴歸去不
可作何論韓與柳讀所
引詩殆亦為奴而不易來此向無讀文者不勝於學
之嘆惟自琢磨真成一物或指牙截圖之類

秋設望琮璧然成器者鉅細無殊致佩

良工責鑒喜懈武斷何可已上年因急於付梓樣

本業經先就前之篇且已鋟板特屬評語左方以刊

前批代擬公評中肯之至請者制便當寄呈姑緩

剡入佩之妄以妝鈔義不可貴却忘了佩之一面令承

指示當改之卷中以秋槎侍妾鏡波蕺衫皆刻其名
惟其兄留之示表微之意今日來判

大筆即寄此之紙俟便寄京覆請

台安並請

嫂夫人安 弟朱蔭境頓首

丁卯十一月初四日之鼓

瞻士仁兄大人法家接讀

大集深佩

君子立言不僅出入經史訓詁筆墨也

務經世之學所發皆經世之言小則備

一邑之掌故大則關天下之利弊實

具有根柢篇篇可以壽世心畧十端尤

近今要畧收心為上古人之意中之私利而
四海葛稚之美利出乎真
百以人說真校時宰未語東無本之
學漫事搖氣莫與今科後學論文願居
弟子之利今見
鉅製崔君篇筆研收獎矣吾鄉著

外界不擾
家學今且於林讀數增損當亦難
為敢執鞭願以從事兩浙佛龕快
雪時時得讀待刊之
經典史籍亦一事也手此奉聞敬頌
撰安　兄弟朱之榛頓首
丙辰五月廿四日[illegible]
南都之西

楊泗孫致秦賡彤 一通

臨士尊兄年大人閣下：睽隔光儀，疊更裘葛。今春在錫，又復彼此相違，未得一伸别緒，悵何如之。捧讀惠翰，藉稔河里優游，起居增適，引詹芝宇，式協頌私。春間請假元旋，園廬不

得已之事竊思
閣下年雖周甲而精神矍鑠正大可有
爲之時望切以後顧茫茫而沮意氣且天
佑善人終必有報立嗣而賢亦無異於
式穀也仰滿宜早入都望再思之弟近
況如恒無善可述專肅謹復順請
台安不備
年愚弟制楊泗孫頓首

再啓者東林一席弟承乏多年愧無實效
明年三月間服闋入都當在秋間
閣下碩德令聞此席自當相屬月之内外到蘇
時面見中丞言之當可成就惟起遲早有
不定耳所云
足下入都一層究竟何如或待
台旆到來面商或俟弟到蘇後函復均祈
酌之匆匆肅復不盡所言　弟泗又啓

秦緗業小傳

秦緗業字澹如一字應華江蘇無錫人父瀛累官刑部侍郎以文章潤澤政事有名於嘉慶朝清史有傳緗業能世其家學治古文辭而於場屋之作不肯降心以徇時累不得志於有司一中道光丙午副榜充史館謄錄敘鹽大使乃援例改浙江同知會江浙為太平天國所有而江蘇巡撫李鴻章以兵徇江蘇緗業在幕府積官至候補道賞戴花翎加鹽運使銜二品頂戴兩署鹽運一署金衢嚴道當官而行務持大體從公夙夜不廢文事為古文喜明歸有光及本朝方苞姚鼐詩則喜陶淵明韋應物其所為書在官者曰平浙紀略兩浙忠義錄重修錫金縣志其自為詩文曰虹橋老屋遺集

秦緗業致薛時雨 一通

所深知，緣亦自謹慎，陟經磨折，年來深自媿悔，痛
改前非，頗願
階下效力。錢芝門兄來諭，諭囑為
閣下一言中，又其近來言氣斂抑，益之以虔肅，倘蒙
量才錄用，寬其既往，勉其將來，當必感
恩思報，亦必有孫
德意也。尚肅布達，敬請
勛安。不一。　愚弟秦樹寀頓首
五月廿七日

□□□致慰公　一通

慰公先生鈞鑒：俄事至今糾紛，均無的
確耗。此等不定傳說，欲從懸擬，更何足明其里。
先生雲錦，就自思記，入都此人在黑省三
年，任軍政，素握調節，前歲俄人爭訟，以國兵
阻嚇，政府其與商者奔逃，加以臚濱府呼籲
貝爾一帶，皆所紀懸，據稱俄黨用兵實
不足懼，又云國外交寒者，凍土時如平原

故車行無阻一當春夏凍開滿地皆成積潦
我軍北出尤難又孫營王虎待營氏漢官
亦皆苦勸營氏不知其抑平等之義故以營
語作難我用兩人官講此義營氏歸附不遑
後封營王其遺實營善政之策尤以良
吏平營氏之心又於南軍外添出寶主之外就近
民練兵屯守陶什陶恐咸去保護難收撫呼

倫勝福自之明知降俄不滅然陀與法同已
自無可如何又稱三喇嘛人極無賴若謂密其
勇公某嘗至二百萬金其人無不爲外人嘗承信 時
云云此人在邊三年頗明地輿之學留心明
事擬有條陳一摺似無謬書閣報者所論不
同其中所叙或有誤處未及細看謹代呈 如蒙面詢即請閱係之函告敝處存並前來
鈞鑒即頌
台安
陰曆廿九日[illegible]

再實主者民之覺注兵驂之實甚脆實一二年
前人在都無甚憬閑果實言之族共和之義於十之八中
四族皆依置有人其義將合之語彼以執政之令滿
漢並重云云以挑動四族實一在於滿又閑於京
旗人之彼當者爭就本旗居地田擇一人並其以家
隊員便速其衆用之應可和又閑素者更民之黨伊者恐其名
支部首領一班某之孫某皆宗社黨重要人物

云云。又按新化之報，載有賀長雄宣言，請肅堂

謀孫內閣云云，係閣馮麟閣下為馬賊，常尊

三品京官，下此處定由馮與肅有師生之誼，馮

既歸附，未必再有二心，然常之入都，不知是否奉

有公事，請飭人密訪，何如？再，孫寶山因俄事

處改附自云舊云云，十萬，諸勿征，嘗此不足信，特此校

書矣。浣山不久為果，以數千金謗而擯出共

代之，此益假學家革命成政府耳。唯民主黨
總部久居上海，新近擬請議黨政團代表
孫洪伊在上海開大會演說，仍托推翻今政
府不可云云。其演說之詳，亟報可資防外部知照
外使由上海總領擇上年十二月涉民推翻之事禁之。
又長江青江幫哥會鹽梟等新設共進會，聞
已三十萬人，皆秘密者數百，望設法早防，均請 台酌